くさかんむり
写真　野呂希一
文　池藤あかり
青菁社

葵 08
藍・菜・茜・蓼 09
葦 10
芦・葭・蘆・藺 11
茨・荊 12
薔・蕀・薊 13
芋・薯 14
藷・蒟・蒻・蒡 15
英 16
落 18
蒲 22
芭・蕉・菖 23
菊 24
草 26
薬 32
芍・葴・苦 33
芸・苑 34
蒔・苺・茄・ 35
苗・蕃・莨 35
苔 36
茸・鮮・菌 37
芝 38
蓄・茂・苅・芟 39
菅 40
茅・萱・蓑・ 41
菩・菰 41
葺・苫・茎・芒 42
蓐・蓙・莚・ 43
蓆・藁・苞 43

薄 44
萩・荻 45
菫 48
蒿・蓬・艾・ 49
薺・藜 49
茶 50
薫・芳・芬・ 51
茗・蒸 51
蔓 52
葛・藤・葡・ 53
蔦・萄 53
菜 54
蕪・菁・芥 55
葱 56

韮・蒜・葫・薑 57
葉 58
蓮 62
荷・蕁・菱 63
花 64
華 66
芽・萌 70
蕾・苔・萼・
葯・芯・蕊 71
藻 72
萍・蒼・蘊 73
藪 74
荒・莫・蔭・葎 75
蘭 76
若 78

芹・蕨・薇・
蕗・薹 79
難読
草かんむり 80
草かんむりではない
花の名前 82
草のイメージではない
草かんむり 84
草かんむりではない
草のかんむり 85

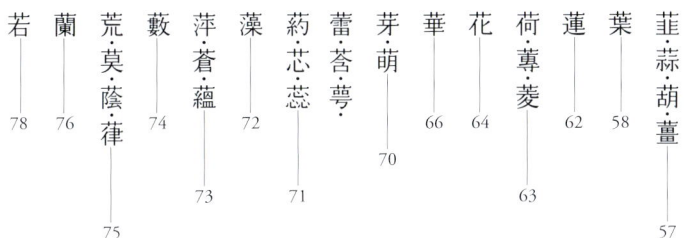

索引 88
参考文献 94
奥付 96

【本書について】

■本書では、くさかんむりの漢字を選び、字の意味やそれにまつわる小話、関連する熟語を集めました。

■文字タイトルの読みは、一般的に使う呼び方を優先しました。訓読みはひらがなで、音読みはカタカナで表記しました。

■字の意味や熟語についての記述はさまざまな資料に基づいていますが、最終的には編者の解釈によってまとめたものです。

■縦組の文章は池藤が、図版下の横組の文章は野呂が担当しました。

北海道天塩町・サロベツ原野

あなたの近くにいるでしょう
わたしたちは

この地に昔からいたものもいます
遠く遠く海を渡り　風に乗って
長い旅をして　たどりついたものもいます

太陽と水と土があれば
あなたがいなくても
好き勝手に生きています

あなたのあしもとで
アスファルトのすきまで
嫌われるようなところにも

でもどなたでしょうか
わたしたちのひとつひとつに
名前をつけて

名前負けかもしれない
照れくさい名前
改名をお願いしたいほど
こちらが不満におもっている名前もあります

ちょっとした癖を見抜かれてしまって
ことわざだとか　ことばのもとにもなって

面白いものです

わたしたちは気ままに生きているようで
あなたと　つながっている

あなたの世界の
ことばのなかの
わたしたちの存在

ことばひとつずつ
見つけるたび

もっとあなたの近くにいるでしょう
わたしたちは

北海道礼文町

北海道函館市

白根葵 シラネアオイ

日光白根山に多く、花は立葵に似ることから白根葵と名づけられた。日本特産種で、大輪の花弁に見えるのは４枚の萼片。その美しさから山芙蓉《ヤマフヨウ》、春芙蓉《ハルフヨウ》の別称も。

葵 あおい キ

意味 『万葉集』に歌われたのは、初冬になお花が残る冬葵《ふゆあおい》。平安時代以降は「葵」と言えば双葉葵《ふたばあおい》。現在は立葵《たちあおい》を指す。葉を傾けて太陽を向くことから、日を仰ぐ意の仰日《あうひ》が語源とされる。

【葵祭】あおいまつり　京都の上賀茂、下鴨神社の祭礼。祭人の冠や社殿、牛車などを双葉葵で飾るところからこの名で知られる。賀茂祭。

【菟葵】いそぎんちゃく　浅海の岩などに着生する無脊椎動物。口を閉じた姿が、巾着袋の紐を締めた形に似ることからこの名がある。石牡丹。

【山葵】わさび　日本原産で、学名はワサビア・ジャポニカ。渓流のほとりに自生。根茎はすりおろすと強い辛味を生じ、薬味に用いられる。学名に日本がつく野菜は他に蕗《ふき》、山《やま》の芋《いも》、三葉《みつば》など。

麝香葵（ジャコウアオイ）　北海道函館市

北海道函館市

立葵 タチアオイ

京都の葵祭や徳川家紋所として知られる葵は双葉葵。花が大きい立葵は観賞用の園芸種。

藍

あい
ラン

意味

染料植物として、葉や茎から青色の染料をとる。葉は傷つけると藍色に変わる。種子は漢方で解毒、解熱に用いられる。蓼藍《たてあい》。

【藍水泥】あいみどろ
池や田、溝、温泉などに生える淡水藻。糸状で連なり、左右に揺れ動く。揺藻《ゆれも》。

【泊夫藍】サフラン
南ヨーロッパ原産で、クロッカスの一種。紀元前一五世紀頃から、香辛料、薬、染色に利用されてきた。

蒅

すくも

意味

国字。藍《あい》の葉を発酵させて作ったもの。通常これを臼でつき固め、藍玉《あいだま》にしてから、藍染《あいぞめ》に用いる。

茜

あかね

意味

黄赤色の根は太く、赤色の染料となる。茎はつる性で四角く、とげを他の植物に絡ませてよじのぼる。赤根《あかね》が語源とされる。

【茜雲】あかねぐも
朝日や夕日に茜色に照る雲。

蓼

たで
リョウ
リク

意味

葉に辛味があり、食用になるのが柳蓼《やなぎたて》。本蓼《ほんだて》、真蓼《またて》とも言われ、蓼酢や赤い芽蓼《めたて》を刺身のつまに使う。

【木天蓼】またたび
夏、梅に似た白い花をつけることから、夏梅の別称がある。実は食用、薬用。猫が好む。

宮城県栗原市

犬蓼 イヌタデ

香辛料になるのは柳蓼、染料になるのは蓼藍。役に立たないのは犬蓼。花は赤飯を連想させ「赤まんま」とも呼ばれる。

北海道七飯町

向日葵 ヒマワリ

太陽の動きにつれて花が回るのでヒマワリと名付けられたというが、実際にはほとんど動かない。向日葵は漢名からで日輪草、天蓋花の別称も。

宮城県石巻市・北上川

葦 アシ

ススキは株立ちで生えるが、アシは地下茎を長く這わせて大群落をつくる。アシは語呂がよくないのでヨシとも呼ばれる。水質浄化機能が高く、生き物の生息環境や自然景観に役立っている。この葦原は震災津波の甚大な被害にあったが、元の姿を取り戻すため復旧復興に努力されている。（写真は震災以前に撮影）

葦

あし
よし
イ

意味

あし。花が咲く頃の成熟した茎葉を、特に「葦」と書く。高く伸びた茎は短い間隔で節を入れて強度を保ち、また中空のため強風にもしなやかにたわむ。「豊葦原水穂国《とよあしはらのみずほのくに》」は古来、日本の美称。

【葦芽】 あしかび

葦の若い芽。葦角《あしづの》。

【葦付】 あしつき

葦の根などに生える淡水藻。

【葦をふくむ雁】 あしをふくむかり

遠く海を渡る時、枯葦を咥えて飛ぶ雁。旅の途中、枯葦を海面に浮かべそれに乗り、翼を休めるという。

【葦切】 よしきり

鳥の名。大葦切《おおよしきり》は夏、水辺の葦原などにすむ。大きな声で「ぎょぎょし」と鳴くことから、行々子《ぎょうぎょうし》の名もある。

芦 —— あし ロ

意味 あし。

【葫芦】ころ
瓢箪《ひょうたん》また夕顔の異称。

【芦薈】ろかい
アロエ。日本ではキダチアロエが一般的。葉の中のゼリー状の液は軽いやけどに効く。

葭 —— あし よし

意味 あし。春の芽ぶきの頃を、特に「葭」と書く。茎はすだれ、垣、屋根葺《ふ》きの用材となる。

【葭子】よしご
葭の若い芽で、食用。葦牙《あしかび》。

蘆 —— あし ロ

意味 あし。穂の出ないうちの若い茎葉を、特に「蘆」と書く。

【蘆木】ろぼく
化石シダ植物。遺骸が石炭になっている。

藺 —— い リン

意味 いぐさ。湿地に自生し、また水田で栽培する。茎は畳表の材料。白い髄は昔、灯心に用いたことから、灯心草《とうしんそう》の名も。

【馬藺】ばりん
捩菖蒲《ねじあやめ》の別称。葉は硬くねじれている。春に菖蒲に似た淡い紫色の花をつける。

青森県つがる市・ベンゼ湿原

藺草 イグサ

イグサを編んで「むしろ」にして敷くことから「居」が語源とも言われている。イグサは茎の形状で区別され、藺の他に細藺、草藺、三角藺などの種類がある。写真は茎径が太くて丸い太藺の群落。

北海道函館市

野茨　ノイバラ

日本に自生する「野生バラ」の代表種。花は清楚で、冬でも残る赤い実にも風情がある。気候変化にも強いので、園芸バラの接ぎ木土台として用いられる。野原や草原、道端などに生え、苅られても根元から萌芽するのでトゲのある厄介者として嫌われる。

茨

いばら　シ

意味

枳殻《からたち》や薔薇《ばら》など、棘《とげ》のある低木の総称。

【茨藻】いばらも

池沼に生え、高さ約五〇センチメートル。葉の縁に鋭いとげ状の鋸歯がある。

荊

いばら　ケイ

意味

いばら。野茨《のいばら》。人参木《にんじんぼく》。茎や枝を鞭や刑罰用の杖に利用した。

【荊棘】うばら

いばらや野茨のことを古くは「うばら」「うまら」といった。

【荊棘線】ばらせん

鋭いとげをつけてよりあわせてある鉄線。有刺鉄線。

野薊　ノアザミ

トゲやギザギザのことを「アザ」とか「ガザ」という方言があり、それがアザミの語源になっている。

浜茄子　ハマナス

ハマナスの実

野生とは思えないほど華麗な花をつける。果実が梨に似ていることから浜梨が語源と言われているが、赤い実から梨を連想するには無理がある？英語では Japanese Rose（日本のバラ）と言われている。

薔

ショウ

意味 ばら。柳蓼《やなぎたて》。

【難波薔薇】なにわいばら　大阪の植木屋から広まったのが由来という。四国、九州に自生し四～六月白い花が咲く。

【薔薇】ばら　茎にとげがあり、花は芳しい香りを放つ。日本にも野茨、浜茄子など一〇数種が野生。はびこって、牆《かき》によりすがって成長することから、もと「牆靡《しょうび》」と書いた。

西洋鬼薊（セイヨウオニアザミ）　北海道岩内町

蕀

キョク

意味 いばら。それらのとげ。

【顛蕀】てんきょく　植物の名で、天門冬《てんもんどう》。茎や枝にとげがある。

薊

あざみ　ケイ

意味 葉は大形でとげが多く、花は頭花で紅紫色。薊は「髻《ケイ》」と同義で、花が「髻《もとどり》（頭の頂で髪を束ねたもの）」の形に似ていることからこの字があるとも。刺草《しそう》。

【薊馬】あざみうま　昆虫の名。体は細長く、作物に寄生する。農業上の害虫も多いが、なかにはカイガラムシやハダニを食べる益虫もある。

北海道ニセコ町

芋の花　イモのはな

ジャガ芋は南米のアンデス高地が原産。インカ帝国からスペイン人がヨーロッパに持ち出し、日本には1600年頃にオランダ船によってジャカルタ港から渡ってきたので、ジャガタライモと呼ばれた。当時は観賞用として栽培されたと言う。今は男爵芋とメークインが主な品種で、北海道が最大の産地。

芋

いも
ウ

意味　いも類の総称で、特に里芋を指す。里芋は熱帯アジア原産で、村里に栽培される芋が名の由来。自生するものは、現在より温暖だった縄文時代に渡来し、その後温度が低くなってもなお生き残ったものと言われる。

【芋名月】いもめいげつ
旧暦八月十五日の「名月」のこと。この頃に収穫される里芋を、薄《すすき》の穂、月見団子とともに供える習俗からいう。初めて芋を掘り取る日から、「芋の子誕生」と呼ぶ地方もある。

【芋茎】ずいき
里芋の葉柄を乾燥させた食品。

【芋茎祭】ずいきまつり
京都の北野天満宮で十月一日から四日間行われる祭礼。ずいきで神輿の屋根を葺き、穀物や野菜で飾ったずいき神輿が出る。

薯

いも
ショ
ジョ

意味　やまのいも、じゃがいもの類。

【自然薯】じねんじょ
山の芋。自然の山野に野生するので、「自然生《じねんじょう》」とも書く。

【薯蕷】しょよ・じょうよ
長薯《ながいも》。主に田畑に栽培される。

【馬鈴薯】ばれいしょ
じゃがいもの別名と認識されがちだが、実は全く別の植物という説も。

自然薯(ジネンジョ)　鹿児島県屋久島

洋種山牛蒡 ヨウシュヤマゴボウ

実は熟すと黒紫色になり、果汁は赤紫色の染料になるが全草有毒。特に実と根は猛毒。

不食芋 クワズイモ

四国以南の湿った木陰に生え、葉は里芋に似ているが食用にはならない。

菊芋 キクイモ

背丈が2m以上にもなるキク科の植物で地中に芋ができることから菊芋の名がある。北アメリカ原産だが、今では野生化して河川敷などに定着している。

藷

いも
ショ
ジョ

意味 いも。さつまいもの類。

【甘藷】かんしょ・さつまいも
さつまいもの別名。

蒟

コン

意味 こんにゃく。

【蒟蒻】こんにゃく
インドシナ原産。球茎はこんにゃく玉と呼ばれ、主成分はマンナン。乾燥し粉末にして、水に溶かし石灰液を加えると凝固する。これで食用こんにゃくを作る。花は六年目に開花するが、球茎を残すため、開花前の四年目に収穫されてしまう。

【燭台大蒟蒻】しょくだいおおこんにゃく
スマトラ島の熱帯雨林原産で、七年に一度開花し、悪臭を放つ。世界最大の花で、花の背の高さが三メートルにもなる。

蒻

ニャク
ジャク

意味 こんにゃく。蒲《がま》の芽。

【蒻席】じゃくせき
若い蒲《がま》の茎で編んだ筵《むしろ》。

蒡

ボウ
ホウ

意味 ごぼう。草の名。

【牛蒡】ごぼう
古く中国から渡来し、根菜として栽培される。茎は高さ一メートル以上にもなり、こずえに薊《あざみ》に似た淡紫色の花が咲く。茶褐色の長く伸びた根を食用とするのは、日本だけである。開花した株は夏に枯れ、黒い種子ができる。これを日干しにしたものを漢方で「牛蒡子《ごぼうし》」または「悪実《あくじつ》」と呼び、腫物の治療に用いる。

英

はなぶさ
エイ

意味

(「央」に盛大の意があり、美しく花弁の垂れるものの意を表わすことから)房のようになって咲く花。花。花ざかり。美しい。麗しい。また、人の才知がすぐれていること。立派。

北海道函館市

蒲公英 タンポポ

1904年、アメリカから野菜として北海道に持ち込まれた。在来種のタンポポよりも繁殖力が旺盛で、アスファルトの道端や空き地に定着、北海道では大群落が見られる。

滋賀県高島市

白花蒲公英 シロバナタンポポ

関西方面に多い在来種のタンポポで、関東以北には珍しく、北海道ではほとんど見られない。

北海道浜頓別町

紅輪蒲公英 コウリンタンポポ

明治中期に観賞用としてヨーロッパから来た帰化植物。黄色の花はブタナ。

鹿児島県阿久根市

紫雲英 ゲンゲ

中国原産のマメ科の植物。緑肥や牧草として栽培され、花の形をハスの花に見立てて蓮華草とも言う。ミツバチの蜜源でもある。

【英蘭】イングランド
英国のグレートブリテン島の中南部を占める地方。イギリス連合王国の主要部をなし、ロンドン、バーミンガム、マンチェスターなどが中心都市。

【英英】えいえい
雲の美しく明らかなさま。人物などのすぐれて立派なさま。花盛りのように美しくて盛んなさま。

【英華】えいか
美しい花。名誉。

【英断】えいだん
思い切りよく事を決めること。すぐれた決断。

【英雄】えいゆう
才能、武勇にすぐれた人物。実力が優越し、非凡な事業をなしとげる人。

【和蘭紫雲英】オランダげんげ
クローバー。白詰草《しろつめくさ》。江戸時代にヨーロッパから渡来。繁殖力が強く、牧草としても利用されることから、和蘭馬肥《オランダうまごやし》の名も。

【花英】かえい
はな。ふさ状のはな。

【金英花】きんえいか
花菱草《はなびしそう》。カリフォルニア・ポピー。明治初期に渡来。初夏、芥子《けし》に似た橙黄色の花を開き、花形が花菱紋に似る。

【石英】せきえい
鉱物。ガラス光沢をもつ六方晶系の柱状か錐状の結晶で、透明なものを水晶という。花崗岩《かこうがん》、片麻岩《へんまがん》などの主成分の一つ。陶磁器、ガラスの材料。

【英斤】ポンド
ヤード・ポンド法の重さの単位。一ポンドは一六オンスで、約四五三・六グラム。グラムは「瓦」と書く。

【英里】マイル
ヤード・ポンド法の距離の単位。一マイルは約一六〇九メートル。

【英桃】ゆすらうめ
中国原産で、江戸時代に渡来。春、梅に似た花をつけ、果実は六月頃赤く熟す。「山桜桃」「梅桃」とも書く。

【落英】らくえい
花が散ること。落花。

宮城県登米市

落椿 おちツバキ

縄文人はツバキの材で石斧の柄やクシを作っていた歴史がある。花は桜や菊と共に日本らしい趣があり、古来広く親しまれてきた。ツバキは５枚の花弁が基部でつながっているので、散らずに花ごと落ちる。ちなみにサザンカは花弁が平開し一枚ずつバラバラに落ちる。

落

おち
ラク

意味 木の葉の落ちることをいう語。落ちる、散る意を表わす。

【落鮎】おちあゆ
秋に、産卵のために下流に下る鮎。

【落魚】おちうお
産卵のため川を下る魚。水温低下を避け、深い川へ移動する魚。死んだ魚。

【落草】おちぐさ
鷹が鳥を追い落とした草原。また、鳥が飛びおりて隠れ場所とする草むら。

【落角】おちつの
毎年夏に落ちる牡鹿の角。

【落葉衣】おちばごろも
木の間を漏れる月光などが衣の上にさし、落葉を散らした模様に見えるもの。落葉の散りかかった衣。

【落葉船】おちばぶね
水面の落葉を船に見立てていう語。

北海道七飯町・大沼

落葉 おちば

落葉は風や水の動きを表している。沈むまでの一時、その場限りの錦模様を見せてくれる。

【落雲雀】おちひばり　空からまっすぐに降下する雲雀。

【落穂】おちぼ　刈り取った後に、田畑に落ちこぼれた稲などの穂。

【落葉松】からまつ　日本原産の唯一落葉する針葉樹であることから、この字をあてる。幹は高さ三〇メートルに達する。樹皮はタンニンを含み染料にする。唐松。

【磊落】らいらく　気が大きく朗らかで小事にこだわらないさま。豪放磊落。

【落雁】らくがん　空から地上へと舞い降りてくる雁。北方で繁殖した雁は十月初め頃に渡来し、翌春三月頃、再び北へ帰る。また、干菓子の一種。

【落月】らくげつ　西に没しようとする月。

【落語】らくご　寄席演芸の一つ。滑稽な話の最後に落ちをつける。

【落照】らくしょう　夕陽の光。落日。

【落胆】らくたん　失望してがっかりする。

【落着】らくちゃく・らくじゃく　決まりのつくこと。

【落潮】らくちょう　引き潮。

【落梅】らくばい　落ちた梅の花。

【落木】らくぼく　葉が落ちた木。冬枯れの木。

【落命】らくめい　命を落とすこと。

【落花】らっか　花が散ること。特に桜についていう。

【落花生】らっかせい　ピーナッツ。花が落ちて、地中で実がなる。花が終わると、子房の柄が伸びて地中に潜り込み、そこで実を結ぶ。地中に入らないと結実しない。

【落款】らっかん　書画に作者が署名し、または印を押すこと。

福島県北塩原村

宮城県栗原市・伊豆沼

蒲 ガマ

ガマの歴史は日本神話（古事記）まで遡る。オオクニヌシノミコトが因幡の白兎の傷を治療したのはガマの穂の効能。花粉は漢方で「穂黄《ほおう》」といい、止血、すり傷、やけどなどの治療に使われてきた。夏の間は葦に紛れて目立たないが、冬枯れた風情は印象深い。

蒲

がま
ホ

意味 池沼に生え、夏にろうそく状の茶褐色の穂をつける。葉や茎は編んで、籠《かご》やすだれを作ることから、古名は御簾草《みすぐさ》。白い綿毛は、綿がわりに寝具などに入れられたため、ふとんを「蒲団」とも書く。

【蒲魚】 かまとと
（蒲鉾を「魚《とと》か」と聞くことからという）わざと知らないふりをして上品ぶること。

【蒲鉾】 かまぼこ
かまぼこ。魚肉を竹串のまわりに塗りつけて焼いたことに始まり、その形が蒲の穂に似ていることからこの名がある。

【蒲葵】 びろう・ほき
九州から台湾の暖地にかけて自生。葉は棕櫚《しゅろ》のような掌状で、古くは牛車の車箱を飾るのに用い、笠、帽子、扇子などの材料にもなる。檳榔《びろう》。

芭

ハ　バ

意味　花。香草の名。芭蕉《ばしょう》。

【扇芭蕉】おうぎばしょう　マダガスカル原産で、芭蕉に似た大きな葉を扇状につける。葉柄基部に水をたくわえ、旅人が切って飲むという。旅人の木。

【芭蕉】ばしょう　高さ五メートルに達し、葉は美しく、長さ二メートル近くの長楕円形をなし、観賞植物として重宝がられる。バナナに似た実がなるが、食用にならず、また日本ではあまり結実しない。中国原産だが、英名はジャパニーズ・バナナ。庭忘草《にわわすれぐさ》。

【芭蕉梶木】ばしょうかじき　海魚で、第一背びれが巨大で芭蕉の葉を思わせることからこの名がある。

【芭蕉布】ばしょうふ　沖縄に産する糸芭蕉の葉鞘《ようしょう》の繊維で織った布地。

【破れ芭蕉】やればしょう　秋風の頃、風雨に破れ裂けた芭蕉の葉。

蕉

ショウ

意味　加工していない麻をいう字。芭蕉《ばしょう》。柴。

【甘蕉】バナナ　インド原産で、日本では沖縄、小笠原で食用栽植される。実芭蕉。

水芭蕉　ミズバショウ

雪解けとともに白い仏炎包が開き、中から黄色い花穂が出る。花が終わると葉は1mほどにも伸び、芭蕉に似ている。

北海道七飯町・大沼

菖

ショウ

意味　菖蒲《しょうぶ》の略。

【菖蒲】あやめ・しょうぶ　五～六月、紫色また白色の花を開くアヤメはもと「ハナアヤメ」といい、古来、アヤメといえば「ショウブ」を指す。初夏、蒲《がま》の花の穂のような花をつける。葉は線形で強い芳香を放ち、端午の節句にはこの葉や根を入れて沸かした菖蒲湯《しょうぶゆ》に入り、邪気を祓う。

岩手県平泉町・毛越寺

花菖蒲　ハナショウブ

野生のノハナショウブを観賞用に改良された品種で、花は色も形も変化が多い。

岩手県八幡平市・安比高原

野菊 ノギク

ノコンギクやイナカギク、ヤマシロギク、ヨメナ、ユウガギクなど、野に咲く菊や菊に似た花を咲かせる植物を総称して野菊と呼ぶ。際立つ花ではないのだが味わい深い秋草のひとつ。

菊

キク

意味

奈良時代に中国から渡来したとされる。『万葉集』には菊は詠まれていないが、『古今和歌集』には多く登場。左右に分かれて互いに菊花を出し、歌を付けて優劣を競う「菊合《きくあわせ》」も行われていた。

【延命菊】えんめいぎく

ヨーロッパ原産で、雛菊の別称。デージー。

【菊酒】きくざけ

陰暦九月九日の重陽《ちょうよう》の節句に用いる酒。菊の花を盃に浮かべ、その芳香と気品の高さから、邪気を祓い、寿命を延べると考えられた。

【菊の被綿】きくのきせわた

重陽の節句の前夜、菊の花に綿をかぶせて露や香りを移し、翌朝その綿で顔や肌を拭うと長寿を保つという。菊綿《きくわた》。

友禅菊 ユウゼンギク

友禅染のように美しいことからその名があるが、北アメリカ原産の帰化植物。北海道では道端で群落も見られる。

仏蘭西菊 フランスギク

江戸時代末期に観賞用として持ち込まれ、寒さに強く繁殖力も旺盛で野生化している。マーガレットに似ているが大振りで葉の形状が違う。

栽培菊 さいばいぎく

観賞用に栽培されて、多くの園芸品種がある。日本の切り花の出荷量では第一位を占めている。

小浜菊 コハマギク

関東北部から北海道の太平洋沿岸に生える。岩の隙間に根を張り、花径は5cmほど。

野紺菊 ノコンギク

野山でごく普通に見られる野菊で、花の色や花弁の数には変種が多い。

粘野菊 ネバリノギク

北アメリカ東北部原産で、明治20年頃渡来。花径は3~4cmと大きく、野生化して群落もある。

大分県別府市・由布岳

草原 そうげん

由布岳南山麓の広大な草原。３月に野焼きが行われ、害虫を駆除して良質な草を育て、美しい草原を維持している。

草 くさ ソウ

意味 柔らかい茎を有し、木化した幹のない植物。雑草。

【遊草】あそびぐさ
柳《やなぎ》の異称。

【痛痛草】いたいたぐさ
刺草《いらくさ》の別称。山地や林縁地に生え、葉にある細かいとげに蟻酸を含み、触れれば傷みが残る。

【何時迄草】いつまでぐさ
木蔦《きづた》の古名。晩秋、黄緑色の小花を密につける。

【色見草】いろみぐさ
紅葉の異名。

【岩煙草】いわたばこ
岩壁に群生し、葉が煙草の葉に似ることからこの名がある。春の若葉は食用。

【空草】うつおぐさ
葱《ねぎ》の別称。

【埋れ草】うもれぐさ
木の陰などに生えて人に顧みられない草。

【笑草】えみぐさ
甘野老《あまどころ》の古名。小さい鈴のような花が、おちょぼ口をそっと開いた少女の微笑みを思わせる。

【弟切草】おとぎりそう
山地に広く自生。止血薬に用いられ、その薬効を人に漏らした弟を、兄が怒って切ったという平安時代の鷹匠の伝説からこの名があるという。

【鹿子草】かのこそう
山地の湿った明るい草地にまれに見られ、つぼみが鹿の子絞りに見えることからこの名がある。根は吉根草《きっこんそう》と呼び、ヒステリーなどの鎮静薬に用いられる。

【蚊帳吊草】かやつりぐさ
田畑の畦や道端などに生える。三角で節のない茎の両端を二人で持ち、それぞれ別の面を引き裂いていくと、茎は切れずに四角形を作る。この四角形が蚊帳を吊ったような形であることからこの名がある。二人で息を合わせなければ途中で切れてしまうことから、なかよし草とも。

北海道ニセコ町

雑草　ざっそう

名も無い草といわれて邪魔にされる雑草にもそれぞれ名前がある。黄色はブタナ、赤茶はヒメスイバ、他にシロツメクサ、ムラサキツメクサ、ヨモギなど。

【草熱】くさいきれ　夏、生い茂った草が強い日光に照りつけられて熱気を発すること。

【草占】くさうら　路傍の草を結び合わせてそれが直ちに解けるかどうかを見て、吉凶を占うこと。風に草がなびく様子などで占うこともある。

【草薙剣】くさなぎのつるぎ　三種の神器の一つ。須佐之男命《すさのおのみこと》が退治した八岐大蛇《やまたのおろち》の尾から出たと伝えられる剣。皇位のしるしとして代々継承されており、熱田神宮には本体が祀られ、分身は普段、両陛下の寝室の隣にある「剣璽《けんし》の間」に安置されている。

【草雲雀】くさひばり　昆虫で、体形が蟋蟀《こおろぎ》に似るが体長は小さく、一センチメートル弱。八～九月頃、草の間でフィリリリリと、澄んだ声で鳴く。

【草枕】くさまくら　道の辺の草を枕にして寝ること。旅。旅寝。

【草稿】そうこう　文の下書き。原稿。

【草々】そうそう　手紙の末尾に書き加え、走り書きを詫びる語。取り急ぎ。

【草履】ぞうり　藁《わら》、竹皮、藺《い》などを編んで、緒をすげた履物。

【草石蚕】ちょろぎ　中国原産で、江戸初期に渡来。地下茎の先端に白い巻貝のような塊茎《かいけい》をつける。梅酢に漬けておくと美しい紅色に色づき、お節料理に使う。

【富草】とみぐさ　稲の異称。

【和草】にこぐさ　小草の生えはじめてやわらかなもの。箱根草《はこねそう》という説も。箱根草の茎や枝は光沢があり、それらを束ねて玉箒《たまぼうき》と称して、文人が机上を払うのに用いたという。

【母子草】ははこぐさ　春の七草の一つ、御形《おぎょう》のこと。人里に生え、葉は綿毛に覆われる。早春の葉を草餅の中に入れ、また七草粥に入れて一年の健康を祈った。

【草鞋】わらじ　藁《わら》で足形に編んだ履物。

桜草 サクラソウ

サクラソウ類は種類が多く、その代表となる日本桜草。江戸時代から園芸品種が多くつくられ、白、紅、紫、黄、絞りなど色とりどり。ちなみに、芝桜は花の形は似ているが全く別の科。

姫踊子草 ヒメオドリコソウ

ヨーロッパ原産の越年草。東京周辺に多く、今では北海道でも群落が見られる。花の形はオドリコソウよりもホトケノザに近い唇形。

車葉草 クルマバソウ

山地の木陰に群生し、葉が車輪状にきれいに茎を囲んで美しい。紫色の花はワスレナグサ、マイヅルソウの葉も見える。

踊子草 オドリコソウ

花の形が笠をつけて踊る姿を思わせることからその名がある。半日陰の道端などに群生し、花の根元を吸うと甘いことからスイスイグサの方言もある。

大花延齢草 オオバナノエンレイソウ

低地から低山の明るい林床に群生する。大きな3枚の葉は輪生し、純白の3枚の花弁は端整で美しい。

宮城県栗原市

北海道松前町

露草　ツユクサ

朝露に濡れる頃に咲くことから露草の名がある。また、花の汁で布を染めたことから着草（つきくさ）とよばれたことに由来するとも言われている。帽子草とか青花、蛍草の別名もある。

大待宵草　オオマツヨイグサ

北アメリカ原産の帰化植物。明治の初めに渡来し、全国各地の海辺や河原に広く野生化している。花は夕方開き翌朝にはしぼむ一夜花。

北海道知内町

北海道函館市

北海道礼文町

都草　ミヤコグサ

昔は京都に多かったことからその名があると言うが、よく見かけるのは海岸近くや河原などの開けたところ。脈根草が訛ったという説もあり、根が連なって生えている様子からすると、ミャクネグサに一票を投じたい。

紫詰草と白詰草　ムラサキツメクサとシロツメクサ

江戸時代にオランダから輸入されたガラス製品の梱包材としてこの草を乾燥させたものが使われていたことから詰草の名がある。その後、白詰草も紫詰草も牧草や緑肥として持ち込まれ、日本全国に分布するようになった。

風露草　フウロソウ

細い茎になよなよとした花をつけ一見弱そうに見えるが、海岸や山地の風の強いところでもよく育つので、見かけによらずしたたかな植物らしい。

北海道豊頃町・湧洞沼

北海道森町・駒ヶ岳

紅花一薬草 ベニバナイチヤクソウ

明るい林や林の縁に小さな群落をつくる。鈴のような小さな花を吊り下げて立ち並ぶ様子は幼稚園児のようで愛らしい。様々な薬効があり「一番よく効く薬草」という意味で名付けられたというが、可愛らしくて採る気にはなれない。

薬

くすり
ヤク

意味

病気や傷を治す効き目のあるもの。もと、人の体や精神に対して、人智を越えて霊妙な働きをするものの意。神秘的、霊妙である意の「奇し《くす》」が語源という説がある。

【薬玉】くすだま
麝香《じゃこう》、沈香《じんこう》、丁子《ちょうじ》などの香料を錦の袋に入れ、丸く玉にして糸や造花で飾り、菖蒲《しょうぶ》や蓬《よもぎ》をあしらい、五色の糸を長く垂らしたもの。疫病除けや長寿祈願に、端午の節句に簾や柱などに掛けた。これに似せて作ったものは、式典や七夕飾りにも用いられる。

【薬降る】くすりふる
陰暦五月五日は「薬日《くすりび》」とも言われ、その正午頃に雨が降ること。その雨を神水といい、薬を作るために使われた。

【薬缶】やかん
湯沸かしの容器。もと薬を煎じるのに用いた。

苦瓜　ニガウリ

和名の蔓茘枝（ツルレイシ）と言っても通じないし、最近では苦瓜というよりゴーヤーのほうが知られている。よく茂り遮光、冷却効果があるので緑のカーテンとしても人気がある。

紅花山芍薬　ベニバナヤマシャクヤク

園芸品種の芍薬に似ることからその名があるが、華麗な芍薬とは違い、花はこれ以上は開かない。そのつつましさが人気になって盗掘され、最近ではあまり見かけられなくなってしまった。

蕺草　ドクダミ

古くから民間薬として知られ、毒を溜めることから毒溜めとか、毒や痛みに効くことから毒痛み、毒止めに由来するとも言われている。また10種類もの薬効があるので十薬ともいう。

芍

シャク

意味

芍薬《しゃくやく》。

【芍薬】しゃくやく

古く、中国から薬草として渡来。根は鎮痛剤に用いる。「えびすぐすり」とも言われ、「薬」の一文字でも芍薬の意がある。初夏、牡丹に似た大型の美しい花を咲かせる。牡丹の雅称「花の王」に対し、「花の宰相」と称される。

蕺

シュウ　どくだみ

意味

古くは「しぶき」と読み、渋草《しぶくさ》、またどくだみの古称。どくだみは、臭いことから「イヌノヘ」「ウマクワズ」などの気の毒な方言で呼ばれる。様々な薬効があることから、「イシャコロシ」という名も。

苦

ク　にがい

意味

苦菜《にがな》。苦い草であることから、苦い、甚だの意となり、苦しむ意に用いる。

【苦汁】くじゅう

苦い汁。苦い経験。

【苦笑】くしょう

苦々しく笑う。苦笑い。

【苦参】くらら

和名は「眩草《くららぐさ》」が略されたもので、根を噛むと目が眩むほど苦いことによる。根は駆虫剤になる。

【四苦八苦】しくはっく

生・老・病・死の四苦に、愛別《あいべつ》離苦《りく》・怨憎会苦《おんぞうえく》・求不得苦《ぐふとくく》・五陰盛苦《ごおんじょうく》を合わせたもの。人生の苦の総称。転じて、非常な苦しみ。

【苦手】にがて

嫌な相手。不得手。

【苦菜】にがな

山地や野原に生え、葉や茎に苦味のある白い乳液を含む。

岩手県奥州市

種蒔桜　たねまきざくら

苗代に種をまく目安にすることから「種蒔桜」と呼ばれている桜が東北各地にある。このエドヒガンの大木もそう言われているかはわからないが、季節の変化を知る花として昔から大切にされてきたのであろう。

芸

うえる
ゲイ
ウン

意味
植物の種や苗木などを育てる。身に付いた技術や学問。自然の素材に手を加えて、形よく仕上げること。

【園芸】えんげい
植物を育てること。

【芸苑】げいえん
学問や芸術の世界。文学者や芸術家の社会。芸林。

苑

エン

意味
植物を植えた庭園。畑。

【御苑】ぎょえん
皇室所有の庭園。

【紫苑】しおん
西日本に分布。秋、淡紫色の花を多数つける。

【神苑】しんえん
神社の境内（にある庭園）。

蕃茄 トマト

南アメリカ、アンデス高地でインディオが栽培していたナス科の植物。古くは赤茄子《アカナス》とも呼ばれていた。

茄子 ナス

インド原産で奈良時代頃に渡来。夏に実ることから夏実（なつみ）がなすびに変化したと言う説がある。

苗代苺 ナワシロイチゴ

苗代の頃に実が熟すことからその名があると言われているが、花が咲くのは４～５月で実が食べられるのは７月頃になる。

蒔 ―― まく ジ

意味 種子をまく。植える。

【蒔蘿】じら
薬用植物で、果実や葉を香辛料とする。イノンドとも読む。英名はディル。

茄 ―― なす なすび カ

意味 「茄子《なす》」に同じ。蓮《はす》。蓮《はす》の茎。

【茄花】かか
蓮の花。実は「茄房」。

【悪茄子】わるなすび
葉や茎に鋭いとげがあり、鬼茄子《おになすび》ともいう。

蕃 ―― バン

意味 草がしげる。増える。

【蕃瓜樹】パパイヤ
南国の果樹。若い果実には蛋白質を消化する酵素パパインが含まれ、沖縄では惣菜に利用する。

苺 ―― いちご

意味 一般には、食用に栽培するオランダ苺をいう。「莓」はきいちご。

【蛇苺】へびいちご
路傍や草原に多く生え、初夏、小さな赤い実をつける。無毒だが食用にはならない。

苗 ―― なえ ビョウ

意味 種から芽を出して間もない幼い植物。遠い子孫。民衆。

【早苗】さなえ
苗代から田へ移し植える頃の稲の若苗。

【苗木】なえぎ
移植するために育てられた若い木。

莨 ―― たばこ ロウ

意味 たばこ。ちからぐさ。

【莨菪】ろうとう
塊茎、葉に猛毒があるが、乾燥させたものをロート葉、ロート根といい、鎮痛剤などにする。走野老《はしりどころ》（誤食すると走り回ることが名の由来）。喚草《おめきぐさ》という恐い別名も。

鹿児島県屋久島

苔生す森 こけむすもり

ひと月に35日も雨が降ると言われるほどの屋久島。気候は一年を通して湿潤で、森は木も石も全てが苔に覆われている。

苔

こけ
タイ

意味

古木や岩石などの湿った所に生える植物。「木毛《こけ》」が語源とされる。地被《ちひ》として庭に苔を用いるのは、日本庭園独自の手法。日本最古の作庭書である平安時代の『作庭記』にはすでに、苔を利用した庭作りの記載がある。

【苔の下】こけのした
墓の下。黄泉《よみ》。草葉の陰。

【苔の花】こけのはな
梅雨の頃、苔につける胞子体を花に見立てたもの。

【苔枕】こけまくら
苔の生えた岩や木を枕とすること。山に住む人や世捨て人などのわびしい寝床や生活をいう。

【苔桃】こけもも
高山や寒冷の地に自生し、初夏に薄桃色の花を枝先に数個つける。赤く熟した実は、果実酒やジャムなどに用いる。

北海道函館市

青森県大間町

紅天狗茸 ベニテングダケ

童話の絵に描かれる茸だが、食用にはならない毒茸。

布海苔 フノリ

潮間帯の岩に群落で生える海藻類。食用のほか、乾燥してから煮溶かして糊にもされる。

茸

きのこ たけ ジョウ

意味

きのこ。松や橅《ぶな》などの樹木は、根に菌根《きんこん》を作る。樹木は光合成で得た糖分やビタミン類などを菌に渡し、菌は菌糸を使って集めた水やミネラルを樹木に送り込む。茸の多くはそんな木々との共生関係の中で生まれる。茸が「木の子」と言われることのあかしだ。

【松茸】まつたけ

夏から秋にかけて、赤松林に生える秋の味覚、茸の王様。日本では『万葉集』に松茸の芳香を愛でた歌があり、元禄時代の本草書『本朝食鑑』には栽培法が記されている。

蘚

こけ セン

意味

こけ。蘚類、苔類、角蘚《つのごけ》類に大別されるが、通常こけは「苔」と書く。

【蘚苔林】せんたいりん

間断なく雲や霧がかかる湿度の高い森林。苔は水をたくわえ、森を育む。雲霧林《うんむりん》。

【光蘚】ひかりごけ

洞穴などの薄暗い所に生育。糸状の原糸体がレンズのように弱光を反射し、地面がかすかに光って見える。

【水蘚】みずごけ

高山や北日本の湿地に生え、長年の間に高層湿原をつくる。新鮮なものは天ぷらにすると美味しいという。枯死して泥炭となったものは、園芸の保水材に利用し、ピートモスともいう。

菌

きのこ たけ キン

意味

きのこ。バクテリア。細菌。古代、陸に上がった頃の植物は、悪さをする菌の攻撃から身を守るために厚い樹皮で体を覆い、大木になった。菌はこの分解に追いつけず、死んだ木材はたまり、やがて石炭の元になった。

【菌輪】きんりん

同一種の茸《きのこ》が地上に輪状に発生する現象。妖精がダンスをした跡だとして英語では「フェアリーリング」。日本では松茸の菌輪を「天狗の土俵」と呼んでいた。

【黴菌】ばいきん

黴《かび》や細菌など有害な微生物の俗称。

北海道美唄市

芝生　しばふ

広々とした芝生の中に野外彫刻が点在する公園。公園やグラウンドなどの芝生は栽培されたものだが、芝はイネ科の多年草で、路傍に生えていれば雑草として扱われる。

芝

シ　しば

意味 日本では芝の意で、「繁葉《しはは》」「敷庭《しきにわ》」などの語源説がある。中国では茸《きのこ》の名。万年茸《まんねんたけ》。瑞草《ずいそう》とされ、不老長寿の元とも言われた。

【鬼芝】おにしば
海岸の砂地に生え、根茎は細くて硬く地中をはって広がる。芝に似て大きく荒々しく強いことからこの名がある。

【芝蝦・芝海老】しばえび
東京湾や伊勢湾などの浅海の砂底にすむ。「青蝦」とも書く。

【霊芝】れいし
万年茸《まんねんたけ》。落葉広葉樹の根元や枯れ木に自生するが、天然ものは希少で、薬用には栽培品が利用される。幸茸《さいわいだけ》、門出茸《かどでだけ》の別称もあり、仙人の食べ物として神草とされ、不老長寿の効があるという。表面に雲状の文様があり、これをめでたい慶雲に見立てて建築などに描かれる。

北海道函館市

芝桜　シバザクラ

北アメリカ原産の園芸品種。茎は地上を這い花詰草とも呼ばれる。

草苅り　鹿児島県蒲生町

牧草ロール　北海道八雲町

蓄

たくわえる
チク

意味

冬越しの用意に収穫物をたくわえること。「畜」の字の上部は糸束、下部の「田」はその糸束を長く漬けて染める鍋の形。くさかんむりを加えて、草を積み集めること、たくわえることをいう。

【蓄牧】ちくぼく
牧畜。牧場で牛や馬、羊などを飼育繁殖させること。

苅

かる
ガイ

意味

草やふぞろいな枝などを短く切る。「苅」は「刈」の俗字。

【苅生】かりふ
草などを苅った後、再び芽が出ること。

【草苅】くさかり
飼料や肥料とするために牧草を苅り取ること。牧草ロールは、北海道をはじめ広大な牧草地の風物詩。

茂

しげる
モ

意味

草木などが密生する。しげみ。秀でる。優れる。立派。

【茂茂】ぼうぼう
草木の生いしげること。

【茂英】もえい
美しい花。

芟

かる
サン
セン

意味

草を切って取り除く。邪魔なものや外敵を除く。「殳」は草苅りがまを持つ形。草を苅る意となる。

【芟除】さんじょ・せんじょ
雑草などを苅り除くこと。

北海道岩内町・神仙沼

綿菅 ワタスゲ

スゲの仲間は非常に種類が多く、世界には2000種、日本にも200種以上自生して区別は難しいが、綿菅だけはすぐわかる。黄色い花はゼンテイカ。エゾカンゾウとかニッコウキスゲとも呼ばれている。

菅

すげ
すが
カン

意味

すげ。すが。葉を刈って笠、蓑《みの》、縄などを作る。天の原に生える「七節菅《ななふすげ》」にあるように、菅は神聖なもので、お祓いの具として用いられることから、語源は「清々《すがすが》しい」が転じたものとされる。

【菅蓋】かんがい・すげがさ
竹の骨に菅で編んだかさ。歴代天皇即位の礼の後、初めて行われる大礼「大嘗祭《だいじょうさい》」では、大嘗宮の悠紀殿《ゆきでん》、主基殿《すきでん》行幸の際、天皇にさしかけられる。

【寒菅】かんすげ
山地の林下に生え、冬でも常緑でつやのある硬い葉を密生しているためこの名がある。蓑《みの》を作るのに用いられた。

【浜菅】はますげ
海辺に自生し、地下に小さな塊根を作る。漢方ではこれを「香附子《こうぶし》」と呼び、健胃薬に用いる。

茅

かや
ち

意味 薄《すすき》、菅《すげ》、茅萱《ちがや》などの総称で、特に茅萱《ちがや》をいう。苅り取って屋根を葺《ふ》く材料にする。

【茅萱】ちがや
花穂を「茅花《つばな》」といい、昔は火口《ほくち》（火打ち石で発した火を移しとるもの）に用いた。粽《ちまき》はもとこの葉で巻き、古くは「茅巻《ちまき》」と書く。夏越祓《なごしのはらえ》では、茅萱で編んだ「茅の輪」をくぐり、穢れを祓う。

【茅渟】ちぬ
和泉国の沿岸の古称。また黒鯛。大阪湾で多く取れることから茅渟と呼ばれる。

秋田県東成瀬村・須川湿原

茅 カヤ

茅萱《チガヤ》ともいい、「チ」は「千」で群がり生えることから名付けられた。

萱

かや
カン

意味 かや。

【萱草】わすれぐさ・かんぞう
中国原産で、この花を見て憂いを忘れるというのが名の由来。日本には変種の「藪萱草《やぶかんぞう》」「浜萱草《はまかんぞう》」などが野生。

蓑

みの
サ

意味 みの。萱《かや》や菅《すげ》で編んで作った雨具。

【隠れ蓑】かくれみの
それを着ると身を隠すことができるというみの。転じて、真相を隠す手段。

【蓑虫】みのむし
蓑蛾《みのが》の幼虫。「鬼の子」ともいう。

菩

ほとけぐさ
ボ
ボク

意味 草の名。むしろ。

【菩提樹】ぼだいじゅ
中国原産で、日本には一二世紀に渡来。釈迦が悟りを開いたのはインド菩提樹の下。国内ではまれに温室で栽培される。

菰

こも
コ

意味 真菰《まこも》の古名。原始時代の住居では、枯れた真菰を編んで敷物にした。種子は食用になり、縄文遺跡からも出土している。

【菰巻】こもまき
雪折れを防ぐために木に菰を巻く冬支度。

葺

ふく
シュウ

意味 屋根を覆って作る。草葺《くさぶき》、藁葺《わらぶき》、茅葺《かやぶき》、檜《ひ》皮葺《わだぶき》、板葺《いたぶき》、柿葺《こけらぶき》、瓦《かわら》葺《ぶき》など。

【葺板】ふきいた
屋根葺きに使う板。

【葺替】ふきかえ
冬の積雪や強風で傷んだ屋根を、春雪が解けてから新しいものに替えること。

【葺草】ふきぐさ
屋根を葺くのに使う草。菖蒲《しょうぶ》の別名。

【葺き籠り】ふきごもり
陰暦五月四日の夜また五日のこと。五日に菖蒲《しょうぶ》と蓬《よもぎ》で屋根を葺く、また女性が家に籠って斎居する慣習を指す地方もある。

【本葺】ほんぶき
本瓦葺きのこと。

苫

とま
セン

意味 菅《すげ》や萱《かや》などを粗く編んで作ったむしろ。小屋や舟などを覆い、雨露をしのぐ。

【苫屋】とまや
苫で葺いた小屋。粗末な家。

茎

くき
ケイ

意味 くき。

【茎菜】くきな・けいな
アスパラガスなど主に茎を食べる野菜。

【茎立ち】くくたち
油菜《あぶらな》、薺《なずな》、蕪《かぶ》などの茎。それらが伸びすぎて薹《とう》の立ったもの。

芒

すすき
のぎ
ボウ

意味 すすき。のぎ。稲や麦などの穂の先に突き出た、針状の硬い毛。

【芒目】のぎめ
陶器や鉱物などの肌にあらわれた芒のような模様。

【芒蘭】のぎらん
山地に生え、夏、黄緑色の花を上向きに咲く。

【芒種】ぼうしゅ
二十四節気の一つ。五月の節気で、太陽暦では六月六日頃。芒《のぎ》を持つ穀物の種を蒔く。

【芒然】ぼうぜん
無心なさま。

【芒果】マンゴー
熱帯アジア原産で、熱帯果実の王女。日本では温室で植栽。

茅葺屋根　岩手県遠野市

芒の長い麦　北海道上富良野町

蓐

しとね
とこ
ジョク

意味　しとね。畳またはむしろの上に敷いた綿入の敷物。布団。昔は主にむしろが敷布団だった。出産する妊婦のための布団。出産。

莝

ござ
ザ

意味　国字。ござ。

【茣蓙】ござ
藺草《いぐさ》の茎で織ったむしろに縁をつけたもの。

【花茣蓙】はなござ
種々の色に染めた藺草で、模様を織りだしたござ。

莚

むしろ
エン

意味　むしろ。

【稲掃き莚】いなばきむしろ
稲のもみを干すのに用いる粗い藁《わら》むしろ。

【掛莚】かけむしろ
正月、神前に新しく掛けるむしろ。

蓆

むしろ
セキ

意味　むしろ。席。

【稲蓆】いねむしろ
稲わらで織ったむしろ。

【雉蓆】きじむしろ
雉の座るむしろに見立てた名。山野に生え、春、黄色の可憐な花をつける。

藁

わら
コウ

意味　稲や麦などの茎を干したもの。

【藁沓】わらぐつ
雪道に使う藁製の靴。

【藁灰】わらばい
藁を焼いてできた灰。釉薬《ゆうやく》の原料や肥料になる。

苞

つと
ホウ

意味　草の名で、茅《かや》や葦《あし》の類。つと。藁《わら》などを束ねて物を包んだもの。藁苞《わらつと》。

【苞苴】あらまき・つと
藁、葦や竹の皮などで魚を巻いたもの。

【家苞】いえづと
家に持ち帰るみやげ。

岩手県八幡平市

稲藁　いなわら

干した藁を冬場の内職で細工して縄や草鞋などの日用品に作り上げていたが、今はほとんど利用されなくなった。

福島県北塩原村

薄　ススキ

姿は葦に似ているが、葦は水中に生え、根は横に這い連なる。薄は陸上に生え、根は株になって束状に生える。尾花とかカヤとも呼ばれる。春の梅や桜に対して、秋は紅葉と薄が季節を感じさせてくれる。

薄

すすき
うすい
ハク

意味

すすき。茅葺《かやぶき》屋根の材料になり、成長したものは炭俵《すみだわら》にも使われた。秋、花の散った穂を集めて座敷ぼうきにもしたという。「スクスク伸びる木（草）」が名の由来の一説にあるほどよく育ち、花言葉は「活力」。光合成で得た栄養を地下に蓄積しながら株が毎年大きくなる。薄の根から栄養をもらって、花を咲かせるのが「思い草（南蛮煙管《なんばんきせる》）」。薄のように丈夫に育つようにと、水田に薄を立てて豊作を祈る風習のある地方もある。花穂を獣の尾に見立てて「尾花《おばな》」といい、秋の七草の一つ。仲秋の名月に飾られ、その後は庭や門口に挿す風習が残る地方もある。真草《まくさ》。美草《みくさ》。露見草《つゆみくさ》。

【糸薄】いとすすき
薄の一変種。葉、茎ともに細く穂も細小。

【枯薄】かれすすき
枯れた薄。

【米薄】こめすすき
高山や北地に生え、夏、茎頂に小穂をつける。これを米粒に見立てたのが名の由来。

【篠薄】しのすすき
群がり生える細竹。まだ穂の出ない薄。

【旗薄】はたすすき
穂が高く抜き出て、風になびく薄。

【薄荷】はっか
全体に芳香があり、香料用や薬用として栽培される。目が疲れた時や眠気覚ましに用いたため、目草《めぐさ》、目覚草《めざめぐさ》などの別名がある。ペパーミント。

【真赭の薄】まそほのすすき
穂が赤みを帯びた美しい薄。

【早薄】わさすすき
早く穂を出す薄。

北海道函館市

盗人萩　ヌスビトハギ

花は小さいが萩に似ていて、毛羽立った実は気づかぬうちに衣服にくっつくことからその名がある。

北海道函館市

山萩　ヤマハギ

秋の七草のひとつで、万葉集に詠まれている植物では最も多い萩だが、今では花を知らない人が多くなっている。

萩

はぎ　シュウ

意味　萩。山萩。「生え芽《き》（古株から新芽が多く出ること）」が語源とされ、「芽子《はぎ》」とも書く。万葉びとは萩の花を摘み、頭挿《かざし》にして楽しんだ。

【御萩】おはぎ
おはぎ。糯《もち》米、または糯米と粳《うるち》米を混ぜて炊き、軽くついて丸め、小豆餡、黄粉《きなこ》などをまぶしたもの。彼岸に作る。牡丹餅《ぼたもち》。

【零萩】こぼれはぎ
散る萩の花。

【舞萩】まいはぎ
インド原産で、嘉永末期に渡来。葉の基部に葉枕があり、これが関節となり上下に舞うように動く。

荻

おぎ　テキ

意味　おぎ。湿地や水辺に生え、茎は高さ二・五メートルに達する。薄《すすき》に似ているが、荻には芒《のぎ》がなく、黄金色の穂を持つ薄に対して、荻の穂は銀白色。葉の縁も薄ほどざらついてはいない。生えていても薄に間違われやすく、人知れず育っているという意味からか、山下草《やましたくさ》の異称がある。

【荻の声】おぎのこえ
秋の風が荻の葉に吹いて立てる音。

【細荻】ささらおぎ
小さな荻。

北海道松前町

北海道函館市

菫と蓬　スミレとヨモギ

可憐に見える菫だが生命力は強く、道端や石垣の隙間などでもたくましく花を咲かせている。スミレ科だけでも図鑑ができるほど種類が多い。写真の花はごくありふれたタチツボスミレ。蓬に囲まれ花束になって咲いていた。

菫

すみれ
キン

意味 すみれ。種に蟻《あり》の好物の物質がついており、蟻に種を運ばせて、春、あちこちで可憐な花を咲かせる。日本は世界一種類が多く、六〇種ほどが自生する。

【葵菫】あおいすみれ
山野の湿り気の多い所に生える。葉が双葉葵に似ていることからこの名があり、葉の両面に白い毛を密生する。

【曙菫】あけぼのすみれ
山地の日当たりのよい所や半日陰に生える。花の色を夜明けの空の色に見立ててこの名がある。

【三色菫】さんしきすみれ
パンジー。フランス語の「パンセ（考える意）」が名の由来。

【野路菫】のじすみれ
日当たりのよい道端に生え、三～四月咲く花は、淡紫色や青味がかった紫など変化に富む。

北海道函館市

大葉黄菫　オオバキスミレ

山地の湿気の多いところに生え、ふわっとした大らかな感じがする。

山梨県御坂町

北海道函館市

薺 ナズナ

なでたいほど可愛い撫菜が由来と言われ、三角形の実の形からシャミセングサとかペンペングサとも呼ばれている。紅紫の花はホトケノザ。

藜 アカザ

野菜のホウレンソウと同じ仲間で、食用になり栄養価が高いと言う。湿疹、歯痛、ぜんそく、高血圧などの薬草としても利用される。

蒿

よもぎ
コウ

意味 よもぎ。香りは邪気を祓う力があると信じられ、中国の古俗では端午によもぎで作った人形を門戸に掛けて、魔除けにした。この風習が日本で変遷をとげ、五月人形へと発展したという。若葉を餅に入れて草餅を作ることから、餅草《もちぐさ》の別名がある。虫さされや血止めにも利用される。

【蒿雀】あおじ 雀より少し大きい鳥で、背中は緑褐色を帯び、体の下面は黄色。

【牡蒿】おとこよもぎ 日当たりのよい山野に生え、全体に毛がほとんどない。

蓬

よもぎ
ホウ

意味 よもぎ。

【蓬生】よもぎう よもぎなどの生い茂って荒れはてた所。

艾

よもぎ
もぐさ

意味 よもぎ。よもぎの葉を刈り取って乾燥させて臼でつき、葉裏の綿毛を集めたもの。お灸の材料で、名は「燃え草」の略という。

【苦艾】にがよもぎ よもぎよりも臭いが強い。これを漬けたお酒「アブサン」は、フランスの魔女が調合を始めたと言われる。

薺

なずな
セイ

意味 春の七草の一つで、古くから食用、薬用に利用される。ぺんぺん草。

【薺爪】なずなづめ 正月七日に、邪気を祓うとして七草粥の汁や薺を浸した水につけて爪を切る風習。

藜

あかざ
レイ

意味 畑地に自生。若葉は食用になり、かつては救荒食とされた。

【白藜】しろざ 道端や荒れ地に生える。若い葉の付け根に白味を帯びる。

京都府和束町

茶畑 チャばたけ

煎茶発祥の地とされている宇治の茶畑。丸く苅り込んだ若葉を摘み採るが、そのままにしておくと木の高さは7～8mにもなると言う。

茶

チャ サ

意味

茶の木。中国南部の霧の多い山岳地方の原産で、日本へは栄西が宋から種をもたらしたという説がある。緑茶は、蒸して発酵作用をなくし、これを冷やしてさらに焙って乾燥させて作る。紅茶は発酵させて作る。

【茶殻】ちゃがら
茶を煎じた後のかす。海魚の名で、体長約九センチメートル。沿岸の岩礁域に生息し、体色は淡褐色の地色に黄色の横帯がある。

【茶々】ちゃちゃ
妨げ。ひやかし。

【茶摘み】ちゃつみ
八十八夜前後から夏の始め、茶の芽、若葉を摘み採る。

【茶番】ちゃばん
見えすいた嘘。茶番劇。

【茶目】ちゃめ
子どもっぽいいたずら。

神奈川県鎌倉市

静岡県川根町

山茶花　サザンカ

原種のサザンカは白花だが園芸品種は紅色が多い。ツバキと違い花弁はバラバラになって散る。

茶の花　チャのはな

茶の木はサザンカと同様ツバキの仲間。「茶の花」は冬の季語。

薫

かおり
かおる
たく
クン

意味　強い香りを放つ草の意で、シソ科の神目帚《かみめほうき》（ホーリーバジル）がこれに当たる。中国では古くから栽培されているが、日本には生えていない。目に埃が入った時、その実を目の中に入れると、実から出る成分が埃を包みこみ、掃除をしてくれることからこの名がある。

【薫衣香】《くのえこう》　衣服に焚きしめるための薫物《たきもの》。

【薫風】《くんぷう》　初夏、若葉の香りを漂わせて吹く爽やかな風。薫る風。

芳

かんばしい
かぐわしい
ホウ

意味　香りがよい。

【蘇芳】《すおう》　インド、マレー半島原産。幹に小さなとげがあり、黄色の花が咲く。古くから重要な赤色染料とされた。

【芳】《たけ》　茸《きのこ》の別称。

芬

ぷん
フン

意味　香りが良い。かぐわしい。

【芬芬】《ふんぷん》　強い香りがたちこめるさま。「ぷんぷん」と読んで、強い香りが鼻をついて感じられるさま。

茗

メイ

意味　茶の芽。遅く摘み採った茶。

【耶悉茗】《ジャスミン》　熱帯、亜熱帯に二〇〇種以上あり、花に芳香のあるものが多い。

【茗荷】《みょうが》　主に薬味に用いる。食べると物忘れするというのは迷信。

蒸

むす
ジョウ

意味　蒸す。蒸し暑い。

【茎蒸】《からむし》　古代より茎《から》を蒸して皮をはぎ、繊維を織物に使用した。葉の裏に綿毛が密生し、銀白色をなす。

徳島県東祖谷山村

葛橋《かずらばし》　シラクチカズラの蔓を編み、3年に一度の掛け替えをしている。シラクチカズラはサルナシのこと。実をコクワといい、味はキウイフルーツに似て美味。

蔓《つる　かずら　マン》

意味

つる。つる植物。他のものに巻きついてよじ登るもの、横へ広がるもの、相手の幹にぐるりと巻きついてぎりぎりと絞め殺し、命と陣地を奪ってしまうもの…おのおののスタイルで、絡みつく相手を探す。

【甘茶蔓】《あまちゃづる》
各地の山野に生え、巻きひげで他のものに巻きつく。葉に甘みがあり甘茶にする。

【合器蔓】《ごきづる》
水辺に自生し、茎は長さ約二メートルになる。熟すと蓋がとれる果実の姿を、かぶせ蓋の容器に見立てたのが名の由来。巻きひげで絡みつく。

【蔓紫】《つるむらさき》
熱帯アジア原産で、江戸時代に渡来。果汁は紫色の染料になる。六～九月頃の若い茎や葉は食用になる。調理すると独特のぬめりと臭いが出る。

北海道壮瞥町

蔓紫陽花《ツルアジサイ》

蔓状の幹や枝から多くの気根を出して木や岩を這い登る。花はガクアジサイに似ている。

北海道函館市

蔦　ツタ

先端が吸盤になっている巻きひげを幹や枝から出し、壁面をよじ登る。自然樹形は木の姿になる。

島根県美保関町

葛の蔓　クズのつる

藪椿に絡みついた冬枯れの葛。蔓の成長は早く、10m以上にも伸びる。

葛

くず
かずら
カツ

意味 くず。秋の七草の一つ。茎の繊維は布を織るのに用い、根から葛粉がとれる。葛の葉裏は白く、秋風に翻ると目立つことから「裏見」と称し、和歌などで「恨み」に掛けて詠まれた。

【美男葛】びなんかずら
実葛《さねかずら》の別称。茎を水に浸して得た粘り汁で髪を整えると美しく見えることからこの名がある。

【屁屎葛】へくそかずら
つる状の草の茎や葉をつまむと臭い。花の中央が赤く、お灸の跡に似ていることから灸花《やいとばな》の名も。花の姿を早乙女のかぶる笠に見立てた早乙女花《さおとめばな》という可憐な名もある。

藤

ふじ
トウ

意味 藤。山藤、野田藤の二種は日本固有。藤の皮の繊維で織った藤衣《ふじごろも》は、万葉びとが作業着に用いた。

【藤袴】ふじばかま
秋の七草の一つ。なま乾きの草や葉には芳香があり、洗髪に用いるなどした。

葡

ブ

意味 ぶどう。

【葡萄葛】えびかずら
日本髪を結う時に入れるかもじ。山葡萄や蝦蔓《えびづる》などの古名。実の熟した赤紫色を、葡萄色《えびいろ》という。

蔦

つた
チョウ

意味 つた。「伝う」が名の由来という。幹の液を煮詰めて甘葛《あまずら》という甘味料を作った。『枕草子』に、「削《けず》り氷《ひ》に甘葛いれて・・」とあり、夏に平安時代版かき氷を楽しんでいたようだ。

【蔦漆】つたうるし
山野に自生。毒性は漆より弱いがかぶれる。

萄

ドウ
トウ

意味 ぶどう。

【山葡萄】やまぶどう
山地に自生するぶどう。

青森県八戸市

蕪島 かぶしま

アブラナのことをカブと言い、野生のアブラナが多いことから蕪島と呼ばれ、ウミネコの繁殖地となっている。

菜

な
サイ

意味
葉や茎を食用にする草。「采」は草木を採る意。くさかんむりを加えて、食用に摘み採る草、野菜の類をいう。

【雪花菜】おから
豆腐を作る際に出るかす。

【蔬菜】そさい
野菜。青物。

【菜の花】なのはな
油菜《あぶらな》。種子からとれる菜種油は江戸時代、行灯《あんどん》の油に利用されたため、盛んに栽培された。現在の日本で油用に栽培されるのは西洋油菜。花屋に出回る菜の花は両者とも違う品種で、葉が縮れている。菜の花畑に入日薄れ・・・の『朧月夜』の菜の花は野沢菜のことで、舞台となった長野県飯山市の名物である。

【鹿尾菜・羊栖菜】ひじき
海藻で、やや波の荒い海岸の浅い岩石に付着。若い間に採取して食用にする。

甜菜 テンサイ

砂糖大根のことで甘菜《カンサイ》ともいうが、一般的にはビートと呼ばれている。

諸葛菜 ショカツサイ

三国志の軍師、諸葛孔明が出陣の先々でこの種を蒔いたとの由来。花大根とも呼ばれる。

山芥子 ヤマガラシ

カラシナの仲間だが、写真は帰化植物のハルザキヤマガラシ。

蕪

かぶ
かぶら
ブ

意味 かぶ。かぶの形が頭《かぶ》に似ているところから、この名がある。春の七草の一つ、菘《すずな》はかぶの古名。ヨーロッパの温帯地方原産で、作物として日本に渡来。古くから飢饉時に重要な食料とされ、盛んに栽培されてきた。かぶは胃腸を温め、冷えから来る腹痛を和らげる作用があり、花や種子を煎じて飲むと肝臓の働きを良くする。

【蕪玉菜】 かぶたまな
キャベツの栽培種の一種。芳香があり、煮て食べる。

菁

セイ

意味 かぶ。

【芫菁】 げんせい
昆虫の名で、土斑猫《つちはんみょう》の類。また、青斑猫《あおはんみょう》のこと。生薬となる。

【菁菁】 せいせい
草木があおあおと茂るさま。

【蕪菁】 ぶせい
かぶの漢名。「菁」は葉が青々と澄みきった色に茂る草を表わし、「蕪」は草がどこまでも延び広がる意。これらを合わせ、良く育ち、青々と清らかな色をした草の名、かぶを表わした。『日本書記』には蕪菁《あおな》の読みで記され、飢えを救う作物として重要なものとされた。

【蔓菁】 まんせい
かぶの別名。

芥

あくた
カイ
ケ

意味 あくた。ごみ。芥子菜《からしな》など、葉に辛味のある野菜。

【芥子】 からし・けし
芥子菜《からしな》の種子を粉にしたもの。黄色で強い辛味がある。香辛料。「けし」と読んで、植物の名。未熟の果実の乳液から阿片《あへん》、モルヒネを製する。モルヒネはギリシャ神話の眠りの神モルペウスにちなむ名。

【小芥子】 こけし
こけし人形。

【雛芥子】 ひなげし
ポピー。虞美人草《ぐびじんそう》の別名は、中国で、楚の項羽に愛された虞美人が命を絶った際、その血から生えてきたという伝説による。

青森県東通村

浅葱 アサツキ

海岸や山地の岩場などに生え、平安時代から食用にされてきた。ネギ類では最も細く、色がネギよりも浅い緑色であることから浅葱と呼ばれ、色名にもなっている。

葱

ねぎ
き
ソウ

意味

ねぎ。日本では奈良時代以前から栽培されている。もともと「き」と一音で呼ばれていたため、女房詞《にょうぼうことば》で「一文字《ひともじ》」とも言われた。韮《にら》は「二文字」と呼ばれる。

【水葱・菜葱】なぎ
水葵《みずあおい》または小水葱《こなぎ》の古名。両者ともミズアオイ科の一年草で、稲の渡来とともに渡来した史前帰化植物。奈良時代には栽培され、平安時代までは重要な菜の一つであった。水葵は九月上旬に三センチほどの淡い碧青色の花を水平に開き、小水葱は八月中～下旬、一・五センチほどの水葵より濃い碧青色の花を半開きに開く。当時は両者を明確に区別することなく栽培されていたものと見られる。明治以降になると野菜としての栽培は全くなくなる。水田雑草だが、除草剤に弱い。

【根深葱】ねぶかねぎ
長い白色の葉鞘部を食用にする。基部に土寄せして栽培し軟白にする。関東を中心に東日本に多く栽培される。白葱《しろねぎ》。

【葉葱】はねぎ
緑の葉の部分が多く、根元から葉の先まで食用になる。関西など西日本に多く栽培される。青葱《あおねぎ》。

【萌葱】もえぎ
葱の萌え出る色を連想させる、青と黄の中間色。

【分葱】わけぎ
葱と玉葱《たまねぎ》の雑種。葱と違って種を作らず、子球を分けて増やす。

葱坊主　北海道函館市

北海道函館市

北海道函館市

行者大蒜　ギョウジャニンニク

深山に生えるネギの仲間で、修行中の行者が食用にしていたことからその名があると言われている。北海道ではアイヌネギとも言い、山菜として人気がある。

韮　ニラ

「古事記」には加美良《カミラ》という名で記されていて、古くから食用、薬用にされてきたネギの仲間。

韮

にら
キュウ

意味

にら。

【大韮】おおにら
辣韮《らっきょう》。中国原産で、平安時代以前に渡来。古名は薤《おおみら》。

【花韮】はなにら
アルゼンチン原産で、三～四月、星形の花を開く。

蒜

にんにく
ひる
サン

意味

「ひる」は、葱《ねぎ》、野蒜《のびる》、大蒜《にんにく》を表わす古名。

【大蒜】にんにく
和名は仏語の「忍辱《にんにく》」に由来するという。仏教では韮《にら》、辣韮《らっきょう》、葱《ねぎ》、生姜《しょうが》とともに「五葷《ごくん》」の一つで、不浄な強精食品として食すのを禁じられた。隠して忍び食ったところからの隠語とされる。

葫

にんにく

意味

にんにく。青森県にある鬼神社は、にんにくや葱《ねぎ》を好物にしたと言われる祭神を祀る。例祭日にはにんにく市が開かれ、参詣者はこれを買い求め、家の戸口に掛けて悪魔除けとし、また食べて無病息災を祈る。

薑

しょうが
はじかみ
キョウ

意味

しょうが。熱帯アジア原産で、古く弥生時代に渡来したという。「生薑」が正しい字だが、同音の「姜」を代用して「生姜」と書くようになった。

【薑黄】きょうおう
インド原産で、鬱金《うこん》に似るが、葉は長楕円形で裏面に毛がある。

葉脈　ようみゃく

葉の付け根を葉基といい、葉の先端は葉頂、葉基から葉頂までを葉身、茎は葉柄（ようへい）といい、基部に付いている瘤は蜜腺、葉脈は中央が主脈で枝分かれは側脈、さらに細脈となり、水分や養分の通路となっている。

葉

は
ヨウ

意味

葉は、太陽から光を、根から水とミネラルをもらって光合成をする。光を効率よく集めるために、葉を大きく広げる植物、影を作らないように葉を細くしている植物など、形はさまざま。光が強すぎて、水分が足りなくなってしまいそうな時は、葉を閉じたり傾けたりして、葉を自在に動かし光から遠ざけるものもある。懸命に働いて寿命が尽きれば落ちるが、ナミブ砂漠に自生する「ウェルウィッチア」は、生涯で葉を二枚しか出さない。それを伸ばし続けて一〇〇〇年近く生き続けると言われ、「奇想天外」の和名がついている。

秋田県横手市

山漆　ヤマウルシ

山林の日当たりのよいところに生え鮮やかに紅葉する。触れるとかぶれるので要注意。名前の由来はウルシル（潤汁）あるいはヌルシル（塗汁）の略など諸説ある。

【通草木葉】あけびのこのは
日本全土に分布する蛾で、前ばねは形、色ともに枯れ葉によく似る。幼虫は主に通草の葉を食べる。

【裏葉草】うらはぐさ
日本特産で、山地や谷川のがけに群生。葉の表は白色を帯び、裏は緑色で、表は常に下面を向く。

【思い葉】おもいば
木々の若葉が重なり合って結ばれたようになっている姿をいう。

【鏡葉】かがみは
柏など、表面が広くてつやのある葉。

【桐一葉】きりひとは
桐の葉が一枚落ちるのを見て、秋の訪れを知ること。衰亡の兆しの象徴とされる。

【言葉】ことば・ことのは
ことば。言語。和歌。

【柳葉魚】ししゃも
北海道南部に分布する海水魚で、アイヌ語の「ススハム（柳の葉の意）」が名の由来という。

【多羅葉】たらよう
暖地の山地に自生し、広く庭にも植栽される。葉面に傷をつけると黒変して文字を書くことができ、かつて経文を書いたという貝多羅樹《ばいたらよう》の葉になぞらえてこの名がある。

【照葉】てりは
紅葉して美しく照り輝く草木の葉。

【葉書】はがき
郵便葉書。「端書」とも書く。

【葉守の神】はもりのかみ
樹木を守護する神。柏の木に宿るという。

【譲葉・楪】ゆずりは
温かい地域の山林に自生し、新しい葉が伸びてから古い葉が譲るように落ちるのでこの名がある。葉は新年の飾物に用いる。「楪《ゆずりは》」の字は、葉のくさかんむりを木へんに換えた半国字。

【病葉】わくらば
夏、青葉にまじって、赤や黄色に変色した葉。病気におかされた葉。同じ読みの「嫩葉《わくらば》」は若葉の意。

常緑樹・夏　鹿児島県屋久島

落葉広葉樹・春　青森県十和田市・八甲田山

針葉樹・冬　北海道函館市

落葉広葉樹・秋　青森県黒石市・中野紅葉山

宮城県栗原市・伊豆沼

蓮 ハス

インド原産で古い時代に中国を経て日本に渡来し、仏教では極楽浄土の象徴とされてきた。実の入った花托の姿を蜂の巣に見立て、古くはハチスと呼ばれていた。花弁は普通16枚で、3日目に散る三日花。

蓮

はす
はちす
レン

意味

はす。泥の中で清浄な花を咲かせ、葉が水をはじく姿は、欲を超越した純粋性や極楽浄土の象徴。仏陀の誕生を告げて咲き、徳を積んだ仏教徒は死ぬと蓮のつぼみの中に包まれ、極楽で生まれ変わるという。

【大鬼蓮】おおおにばす

南米アマゾン川上流の沼沢に自生し、明治中期に渡来。葉は直径二メートルにも達する巨大な円形で、幼児が乗っても沈まない。

【大賀蓮】おおがはす

昭和二六年、植物学者の大賀一郎博士が千葉県の検見川《けみがわ》遺跡で二〇〇〇年前の蓮の種子を発掘し、甦らせた。

【蓮根】れんこん・はすね

蓮の根茎で食用。各地の池や堀、水田などで栽培される。冬、地上部が枯れたら根茎を掘り取る。

菱 ヒシ

菱形の葉を放射状に広げ、夏に白い花が咲く。四本の突起のある実は食用になる。

睡蓮 スイレン

ハスのように茎は高く伸びず、花は水に浮いて咲く。午後には眠るように花を閉じてしまうことからその名がある。

蓴菜 ジュンサイ

水中の若い葉は細長く丸まり、ぬるぬるとした寒天質の粘膜におおわれていて食用とされる。紅紫色の小さな花が咲く。

荷

はす
カ

意味

はす。漢名はこの字が古く、「蓮」は蓮の実を表わす字だったが、後にはすの意味に広がった。逆に「荷」は、意味がずれて、になう、かつぐ意となった。芙蓉《ふよう》もと蓮の花の古名。蓮とよく似た花を咲かせる木という木芙蓉《もくふよう》が現在の芙蓉と呼んでいる木。

【花薄荷】はなはっか
オレガノ。ワイルドマジョラムの名も。聖書に清めの草として登場するヒソプはオレガノとマジョラムだという。

【敗荷】やれはす
風などで吹き破られた蓮の葉。

蓴

ぬなわ
ジュン

意味

蓴菜《じゅんさい》。各地の池沼に自生する水草で、葉は楕円形で水面に浮かぶ。展開していない若い葉は巻き物状で、ぬめぬめした寒天のような物質でおおわれている。若い芽や葉を酢の物などにする。

【石蓴】あおさ
海藻で、日本各地の干潮線の岩石に着生。

【蓴菜】じゅんさい
和訓の「ぬなわ」は、蓴菜の古名。ぬめりがある根と葉柄が長いところから、沼の底に横たわる縄、「沼縄《ぬなわ》」と名付けられた。『古事記』にも記され、奈良時代には食用にされていた。

菱

ひし
リョウ

意味

水の清い池や沼などに生え、夏、白い花が咲く。花後、茎の先に青い果実を結ぶ。葉も果実も菱形で、果実は両端に鋭いとげがある。熟した果実を茹でると栗に似た味がして、俳諧では菱の実を「水栗」と呼ぶ。実は解毒作用や胃病に薬効がある。古くから食料にされ、縄文時代の遺跡からも果実片が出土している。

【姫菱】ひめびし
日本特産。菱よりも小さくとげが四本。アイヌの人々は古くペカンペと呼び薬用にした。

北海道松前町

八重桜　ヤエザクラ

花と言えば桜のこと。桜の花は農耕の目安とされ、人々は花を合図に種を蒔いた。また、山の神が里に帰った印とされ、神をもてなし共に過ごした。これが花見の始まりと言われている。ヤマザクラなどの野生種と、品種改良された園芸種があり、色も形もさまざま。花弁の多い八重桜はひときわ豪華。

花

はな
カ

意味

世の中にたえて桜のなかりせば―。梅に代わって左近の桜が植えられ、花の主役が梅から桜へと移ったのは平安時代と言われる。しかし、梅が中国から渡来するよりも昔から、日本に自生していたのは桜だ。縄文時代の遺物から、儀式用と思われる桜の樹皮が巻きつけられた弓が見つかり、稲作が伝わると、桜の咲き具合で稲の稔りを占った。また、豊かな稔りへの願いをこめ、あらかじめ神と祝う予祝として、酒宴を催した。これが花見として受け継がれていることを思えば、日本人にとっての「花」はやはり、ずっと「桜」なのだ。「桜さく大日本《おおひのもと》ぞ日本ぞ（一茶）」。桜とともに日本はある。

【紫陽花】あじさい
額《がく》紫陽花《あじさい》を母種に、日本で生まれた園芸品。アジは集まる、サイは「真」と「藍」で、青い花が集まって咲く様子からこの名がある。花の色が変化していくため七変化《しちへんげ》の名も。

【卯の花】うのはな
空木《うつぎ》の花。陰暦四月を卯の花月ともいい、その花盛りの頃降り続く長雨を「卯の花腐《くた》し」という。

【花魁】おいらん
江戸時代、遊郭で位の最も高い遊女の称。

【男郎花】おとこえし
日当たりのよい山野に生え、茎葉に毛が多い。八〜十月、白い花が咲く。

【女郎花】おみなえし
男郎花に対して、優しいので女性に例えていう。秋の七草の一つで、八〜十月、黄色の花が散房状にたくさん咲く。

【顔花・貌花】かおばな
『万葉集』に詠まれ、昼顔《ひるがお》のことをいう。

【風花】かざはな
初冬、風が立ち雪、雨のちらちら降ること。

【花林糖】かりんとう
古く外来した揚げ菓子の一種。

【花車】きゃしゃ
姿のほっそりして上品なさま。「華奢」とも。

【末摘花】すえつむはな
紅花《べにばな》。『万葉集』には紅《くれない》の名で詠まれる。花びらを集めて口紅や頬紅を作る。末摘花の名は、花を茎の末から摘み採ることによる。

【海桐花】とべら
暖地の海岸に生え、庭木や街路樹にも植栽される。和名は葉や枝、根に悪臭があるため、節分の際などに戸口に立てて鬼を追い払ったことから、「扉の木」が転じたものとされる。

【花筏】はないかだ
花が散って水面に浮かび流れるのを筏に見立てていう語。

【花笑み】はなえみ
花が咲くこと。

【花形】はながた
年若で人気のある者。

【花道】はなみち
歌舞伎などで、客席を縦に貫いて舞台に通じる道。

【花嫁】はなよめ
結婚したばかりの女性。男性は花婿。

【鳳仙花】ほうせんか
インド、マレー、中国原産で、室町時代に渡来。英名はバルサンで、アラビアでその名の傷薬を作ったことによる。紅色の花の汁をしぼって少女が爪を染めたことから、爪紅《つまくれない》の別名がある。

【宿花】よみはな
返り咲きの花。二度咲き。

北海道礼文町

礼文花忍 レブンハナシノブ

シダ植物のシノブに葉の形が似ていることからその名がある。花は変種が多く、それぞれにその土地の名前がつけられている。

福島県福島市

曼珠沙華　マンジュシャゲ

秋の彼岸の頃に咲くことから植物名はヒガンバナ。根には毒があるので、田畑の土手に植えてモグラやネズミを防ぎ、墓地には獣の害を防ぐために植えられた。天上に咲く架空の花に例えて曼珠沙華の名がある。

華

はな　カ　ケ

意味　はな。はなを意味する語としては「花」よりも古い。

【優曇華】うどんげ
草蜉蝣《くさかげろう》類が産みつけた卵。短い柄についているので、花のように見える。吉兆または凶兆とする。

【華麗】かれい
はなやかで美しいこと。

【華表】とりい
神社で、参道の入り口などに建てる門。鳥居。

【仏桑華】ぶっそうげ
中国南部の原産で、夏から秋、大型で槿《むくげ》に似た一日花をつける。ハイビスカス。

【曼荼羅華】まんだらげ
インド原産だが、和名は朝鮮朝顔《ちょうせんあさがお》。有毒植物で、古代中国では酒に混ぜて殺人に使われた。江戸時代に渡来。紀州の医師、華岡青洲はこれで麻酔剤を考案し、日本初の乳癌手術に成功した。

北海道函館市

東一華 アズマイチゲ

花は菊咲一華に似ているが、東一華の葉は切れ込みが浅く、花のすぐ下につくので見分けるのは易しい。

秋田県横手市

菊咲一華 キクザキイチゲ

花が菊に似ることから菊咲一輪草とも呼ばれる。春の山林に群落で咲き、本州では薄紫色が多く、北海道ではほとんどが白い花。

鳥取県鳥取市、雨滝渓谷

姫蓮華 ヒメレンゲ

渓流沿いや山地の湿った岩などに生える。葉の群がりをハスの花にたとえたものという。

北海道函館市

黄華鬘 キケマン

仏殿の欄間などに掛ける装飾用仏具の「華鬘《けまん》」に花の形が似ているケシ科の花に華鬘草があり、その仲間で黄華鬘と紫華鬘がある。

仏蘭西菊《フランスギク》と豚菜《ブタナ》　北海道厚沢部町

大反魂草《オオハンゴンソウ》と蝦夷鎧草《エゾノヨロイグサ》　北海道上ノ国町

菖蒲《アヤメ》と金鳳花《キンポウゲ》　北海道長万部町

片栗《カタクリ》と蝦夷延胡索《エゾエンゴサク》　北海道ニセコ町

長野県高森町

桜の蕾 サクラのつぼみ

桜はひとつの冬芽から２～４個の蕾が出て花を咲かせる。花の柄の部分がぷっくりと膨らんでひょうたん形になるのは江戸彼岸の特徴。

芽

ガ　め

意味 草木のめ。植物が芽を出すタイミングはそれぞれだ。春や秋に芽生える植物や、絡みつく相手が育つまで芽を出さないつる植物。硬い果皮に守られた蓮の種子は、数千年の時を経ても発芽する力がある。

【芽出度い】めでたい
喜ばしい。「目《め》出《で》度《た》い」とも。

【芽生・芽生え】めばえ
草木の芽が出始めること。まだ一人前にならない人。

萌

きざす　もえる　ホウ

意味 草木が芽生える。きざす。

【萌やし】もやし
もやし。種子に光を当てずに発芽させたもの。

静岡県静岡市

梅の蕊　ウメのしべ

桜と違い梅の雄蕊は花弁より長い。写真は台閣梅という、花の中にまた小さな花が咲く二段咲きの珍しい梅。

蕾　つぼみ　ライ

意味　つぼみ。植物は、フロリゲンという花成ホルモンを出し、蕾をつける指示を送る。入手できれば自在に花を咲かせられるが、抽出に成功した者は未だいない。

【味蕾】みらい　舌粘膜にある卵形の小体で、味覚をつかさどる。味覚芽《みかくが》。

菡　つぼみ　ガン　カン

意味　つぼみ。

【菡萏】かんたん　蓮の花。

萼　うてな　ガク

意味　花の一番外側にあり、花弁を囲む部分。和訓は台《うてな》の意からという。

【宿存萼】しゅくそんがく　果実が成熟してもなお残っている萼。酸漿《ほおずき》、柿の果実などの萼の類。蔕《へた》。

葯　ヤク

意味　多くおしべの先端にあり、中に花粉を生ずる袋状の部分。

【葯刺巴根】ヤラッパこん　メキシコ原産で、塊根を乾燥させて下剤に用いる。

芯　シン

意味　中央の部分。

【芯止め】しんどめ　樹木の幹の先端を切って、枝の成長や発芽を促すこと。

【灯芯・灯心】とうしん　行灯《あんどん》、ランプなどの芯。灯油に浸して火をともすもの。

蕊　しべ　ズイ

意味　しべ。花粉のできる雄蕊《おしべ》、それを受精して種子を作る雌蕊《めしべ》がある。花。

【蕊粉】しべこ　花粉のこと。

【落蕊】らくずい　花が散り落ちること。

北海道礼文町

菅藻 スガモ

海水中に育つ多年草。波の荒い岩礁域に群生する。同じ仲間のアマモは内湾の砂地に生え、塩を採るのに利用することから藻塩草とも呼ばれる。

藻

も
ソウ

意味

海藻は根茎葉の区別がなく胞子で増える藻類。海草は「うみくさ」とも読み、海中で過ごす種子植物で、多くは浅海の砂地や砂泥地に、藻場《もば》と呼ばれる大きな群落を作る。そこは卵や稚魚が育つ所として、海のゆりかごと呼ばれる。

【甘藻】あまも

若芽をよく噛むと甘いのでこの名がある。別名の「竜宮《りゅうぐう》の乙姫《おとひめ》の元結《もとゆい》の切外《きりはず》し」は植物の中で一番長い名。

【神馬藻・莫告藻】なのりそ

ホンダワラ科の海藻。早春から初夏にかけて、枝に黄色の卵、受精卵をたわわにつける。これを花に見立て「なのりその花」と、万葉びとは愛でた。

【藻掻く】もがく

苦しみ手足をばたばたさせる。

【藻抜・藻抜け】もぬけ

脱皮すること。藻抜けの殻。

兵庫県新温泉町

梅花藻　バイカモ

山地の清流に育ち、葉は細く分裂して糸状になる。長い花柄を水面に出し、梅に似た5弁の白い花を咲かせる。

萍

うきくさ
ヘイ

意味　池や沼に浮かぶ水草。水面から出ている葉と水中に沈んでいる葉のタイプを変えたり、杉菜藻《すぎなも》のように体が水に沈むと水中型の葉を作り、水の外に出ると陸上型の葉を作ったりして、効率よく光合成ができるよう工夫している。

【萍紅葉】うきくさもみじ
秋の末に紅葉する萍。

【萍蓬草】こうほね
日当たりのよい池や沼に自生し、奈良時代から根茎と若芽を野菜として利用した。薬用にも用いられ、根茎は生理不順や滋養、強壮などによいという。「河骨」「川骨」とも書く。

蒼

あお
ソウ

意味　あお。草の青い色。青々と茂るさま。

【蒼空】あおぞら・そうくう
青空。蒼天《そうてん》。蒼穹《そうきゅう》。

【鬱蒼】うっそう
樹木の茂るさま。

【蒼蠅い】うるさい
邪魔になって不愉快であること。「蒼蠅《あおばえ》」は、黒蠅など大型の蠅の総称。

【蒼耳子】そうじし
漢方で、巻耳《おなもみ》の完熟した果実を日干しにしたもの。発汗剤、鎮痛剤に用いる。巻耳はアジア大陸からの帰化植物で、荒れ地や道端に生える。果実はとげを持ち、衣服などに付着して運ばれる。

【蒼然】そうぜん
青々としたさま。青ざめているさま。

蘊

ウン

意味　水草。集まったもの。内部に蓄える。

【蘊藻】うんそう
水草。

【蘊蓄】うんちく
中に積み蓄えること。蓄積。学問、技術について知識を深く積み蓄えていること。また、その知識。

【秘蘊】ひうん
学問、武術、武芸などでもっとも奥深く大切なところ。奥義。

【海蘊・水雲】もずく
海藻で、北海道南部以南に分布し、春から夏にかけて繁茂。体は糸状で細く、滑らかで粘り気がある。食用で、酢の物などにする。和名は、海藻のホンダワラにくっついて生じるので「藻付く」が由来という。

岐阜県養老町

藪椿 ヤブツバキ

北海道には自生しないが、本州以南の海岸沿いや竹藪などに茂っている。ツバキの園芸品種は多くあり、その元になっているのがヤブツバキ。

藪

やぶ
ソウ

意味 やぶ。草深い所。

【藪医者】 やぶいしゃ
技術の下手な医者。

【藪神】 やぶがみ
由緒のわからなくなった神。また、祟りがあるなどといってまつり始めた藪や木立、塚。

【藪から棒】 やぶからぼう
（突然藪の中から棒を突き出すように）出し抜けであるさま。

【藪柑子】 やぶこうじ
山野の林下に生え、観賞用にも植栽される。雪が降り積もる頃にも赤い実と緑の葉をつけるところから、古来縁起のよい植物とされ、大嘗祭《だいじょうさい》に用いられた。今も正月の床飾りにする。『万葉集』には山橘《やまたちばな》の名で歌われている。

【藪蛇】 やぶへび
「藪をつついて蛇を出す」から、よけいなことをして、かえって災いを招くこと。

金葎 カナムグラ

路傍や荒れた地に群生し、茎と葉柄に鋭い刺がある。

藪豆 ヤブマメ

蔓が絡まりながら伸び、小さな莢《さや》状の豆をつける。

藪枯 ヤブガラシ

茎は分枝しながら巻きひげで絡みつき繁茂する。貧乏葛とも呼ばれて嫌われている。

荒

あらい　あれる　すさむ　コウ

意味 「荒」の下の字は残骨を示す「亡」に毛髪が残っている形。死体の遺棄されるような荒地の意を表わす。

【荒布】あらめ
海藻で、波の荒い外洋のやや深い海に生える。

【荒鮎】さびあゆ
秋の産卵期を迎えた鮎。背が錆のような赤色になる。

莫

バク

意味 日が草原の中に没したさまを表わす字から、日暮れの意。寂しくて空虚である。草木が茂る意を表わす。

【莫迦】ばか
愚か。「馬鹿」とも書く。

蔭

かげ　イン

意味 かげ。

【日蔭の蔓】ひかげのかずら
山地に生え、日蔭にはあまり生えない。また、大嘗祭《だいじょうさい》、新嘗祭《にいなめさい》などの神事に、冠の左右に掛けて垂らすものの意。もとはこの日蔭の蔓を用いたことからいう。

葎

むぐら　リツ

意味 荒れ地に生える草の総称。

【葎生】むぐらふ
葎の生えている所。

【八重葎】やえむぐら
田畑や荒れ地に生え、幾重にも重なって茂ることからこの名がある。子どもが胸に貼って遊んだことから勲章花の名も。

北海道七飯町

鈴蘭 スズラン

ランという名前だがラン科ではなくユリ科の植物。かつては北海道では普通に生えていたというが、今では野生のスズランはほとんど見られなくなってしまった。園芸品種のドイツスズランは、花が大きく芳香も強い。

蘭

ラン

意味

もと「蘭」は「ラニ」とも読み藤袴《ふじばかま》のことを指したが、後にこの字をあてたラン科植物の総称の方が通じるようになった。蘭《あららぎ》と読めば、野菜の野蒜《のびる》の古名。

【和蘭】オランダ

ヨーロッパ北西部の立憲王国。「蘭」の字をあてた国は他、愛蘭《アイルランド》、伊蘭《イラン》、仏蘭西《フランス》、波蘭《ポーランド》、芬蘭《フィンランド》など。

【君が代蘭】きみがよらん

夏から秋、黄白色で紫色を帯びた花を開く。命名は日本の植物学の父、牧野富太郎。

【春蘭】じじばば

春蘭《しゅんらん》の異名。「ほくろ」の別称もあり、花にある斑点を黒子《ほくろ》に見立て、「じじばば」はこれを老人のしみに例えたという。

【竜舌蘭】りゅうぜつらん

メキシコ原産。汁から酒のテキーラを作る。

いろいろな野生の蘭

小蕙蘭 コケイラン

笹葉銀蘭 ササバギンラン

捩花 ネジバナ

白山千鳥 ハクサンチドリ

采配蘭 サイハイラン

熊谷草 クマガイソウ

敦盛草 アツモリソウ

岩手県北上市

若草 わかくさ

桜が咲く頃になるとタンポポ、ヒメオドリコソウ、ナズナ、ハコベ、オオイヌノフグリなどの草花が地面を覆う。

若

わか
わかい
ジャク

意味 わかい。

【若榴】ざくろ
中近東原産で、平安時代に渡来したとされるが、古代、銅製の鏡を果汁で磨いた可能性があり、渡来はさらに古いとも言われる。「石榴」とも書く。

【若潮】わかしお
小潮から大潮に向かって、干満の差が大きくなりだす潮。

【若菜】わかな
春先に生える食用の菜。

【若葉】わかば
芽出しの葉。若葉の茂ったものは「青葉」。

【若水】わかみず
元日の朝に初めて汲む水。一年の邪気を祓うとされ、この水で年神の供え物や家族の食べ物をたき、口をすすぎ、お茶などをたてる。

【若布】わかめ
海藻で、日本各地の沿岸に生える。かつては天然ものが多かったが、現在は養殖も盛んに行われている。

広島県北広島市

杜若 カキツバタ

カキツバタは水辺に生え、アヤメは山裾や原野に生える。花の形が燕の飛ぶ姿に似ていることから燕子花とも書くが、漢字はどちらも他種の漢名の誤用が定着。

北海道函館市

蕗の薹　フキノトウ

葉よりも先に地面から顔を出すフキノトウはフキの若い花茎。

北海道函館市

蕨　ワラビ

若い茎は茹でて食用に、根茎は粉にして蕨餅などにする。

芹　せり　キン

意味　春の七草の一つで、平安時代から栽培される。湿地、水田、溝などに群生する。狭い所に競り合うように生えるのでこの名がある。

【和蘭芹】オランダぜり　パセリの異称。

【毒芹】どくぜり　芹に似るが有毒。湿地など芹と同じような所に生えるが、芹よりも大きく、根元に大きな根茎があり、たて割りすると中が空洞で、竹のような節があるのが特徴。根茎は特に毒性が強く、誤食すると呼吸困難、けいれん、嘔吐を引き起こし死に至る。

蕨　わらび　ケツ

意味　日当たりのよい山地に生える。奈良時代には広く利用され、『延喜式』には、漬物にして貯蔵したことが記されている。蕨餅に用いる根の澱粉をとった後の繊維は水に強く、蕨縄《わらびなわ》にする。

薇　ぜんまい　ビ

意味　山野に自生し、若芽は渦巻き状で白色の綿毛に覆われ、食用。

【薇信夫】ぜんまいしのぶ　両面羊歯《りょうめんしだ》の別称。

蕗　ふき　ロ

意味　ふき。各地で蕗の葉をトイレットペーパー代わりに用いたのが名の由来と言われる。蕗の薹、葉柄を食用にする。

【石蕗】つわぶき　福島、石川県以南の海岸に自生し、庭にも植えられる。葉柄やつぼみ、花は食用。

薹　トウ

意味　野菜の、葉をつけるために伸びる茎。

【薹立ち】とうだち　薹が立つこと。

滑莧 スベリヒユ

よく日の当たる畑や道端によく生えるありきたりの雑草だが印象は浅い。黄色い小さな花が咲く。

蘩蔞(繁縷) ハコベ

正月の七草粥に入れられ、古くからの食用野菜。干して粉にし、塩を混ぜて歯磨き粉に用いたと言う。

酢漿草 カタバミ

葉の一部が食べられたように欠けていることからカタバミと呼ばれ、傍食とも書く。酢漿草は漢名から。

野襤褸菊 ノボロギク

ボロギクは山地に生えるサワギクの別称で、似ていることからその名がついたヨーロッパ原産の帰化植物。

蘿藦 ガガイモ（花と実）

日当りのよい土手や草地に生えているが、花はほとんど気にされない。晩秋から初冬にかけてホワホワの種を飛ばす。

茱萸 グミ

熟した実は食べられるが、皮は消化されないので皮ごと飲み込むと腹をこわす。

天鵞絨毛蕊花 ビロードモウズイカ

肉厚の葉と茎はビロードのような白っぽい毛に覆われていて、2メートル近くの高さになる。線路脇でよく見かける。

鰭玻璃草 ヒレハリソウ

コンフリーという名でイギリスから持ち込まれ、かつては食用、薬用にされたが、今は毒草とされている。

大犬の陰嚢　オオイヌノフグリ

ヨーロッパでは星の瞳と呼ばれる可憐な花に、日本では不似合いな名がつけられている。瑠璃唐草《ルリカラクサ》という別名もあるが、だれもそう呼んでくれない。

片栗　カタクリ

春に上品な花を咲かせ、間もなく茎と実だけを残して葉はなくなり、一年の大半を地下で過ごす。

大甘野老　オオアマドコロ

ユリ科の多年草だが、根がヤマイモ科のトコロににていて、甘いことからその名がある。根にはひげ根が生え、曲がっていることから老人に見立てているという。

猩猩袴　ショウジョウバカマ

猩猩は中国の想像上の怪獣で、赤毛の猿のようだが人語を解し、酒を好むという。

黄烏瓜　キカラスウリ

まるでレースのような変わった花だが、夕方開花して日中は萎むので、あまり見られることはない。

蝦夷透百合　エゾスカシユリ

花は上向きに漏斗状に開き、花弁に隙間があることからその名がある。岩百合とも呼ばれる。

河原撫子　カワラナデシコ

河原などに多いことから河原撫子の名があるが、中国から渡来したセキチクを唐撫子《カラナデシコ》と言い、紛らわしいので大和撫子とも呼ばれる。

蝦夷御山竜胆　エゾオヤマリンドウ

リンドウは古くから薬用植物として知られ、「熊胆《くまのい》」よりも苦みが強いことから「竜の胆」にされたと言われている。

苛

いじめる
さいなむ
カ

意味 厳しく残酷である。苦しめ悩ます。

茹

ゆでる
うだる
ジョ

意味 ゆでる。うだる。

茫

ボウ

意味 遠くまで果てしなく広がるさま。ぼんやり。

著

あらわす
チョ

意味 書物を自分で新たに書く。いちじるしい。

葬

ほうむる
とむらう
ソウ

意味 屍《しかばね》を草むらの中に一時遺棄し、その風化したものを収めまつることを示す字。葬る意を表わす。また物事を隠す意。

薨

コウ

意味 諸侯や皇族など、貴人が死ぬ。みまかる。古代中国では諸侯の死、日本では皇族や三位以上の人の死を言う。薨去《こうきょ》。

董

トウ

意味 「骨董」は由緒や美術的価値のある品。深く隠す。

蒐

あつめる
シュウ

意味 あつめる。多くの物を寄せあつめる。「集める」とも書く。蒐集《しゅうしゅう》。春の狩り。植物の茜《あかね》。探し求める。

蒙

こうむる
モウ

意味 暗い。おぼろげ。知識が少なく道理に暗い。おろか。こうむる。「被《こうむ》る」は災いなどを受けること。

蔑

さげすむ
ベツ

意味 さげすむ。ないがしろにする。

蕩

とろける
トウ

意味 ゆらゆらと揺れ動く。酒色や遊興におぼれる。とろける。心がうっとりとする。うっとりとさせる。

薩

サツ

意味 「サツ・サ」にあてる。菩《ぼ》薩《さつ》、拉薩《ラサ》（チベット仏教の聖地）、薩珊朝《ササンちょう》（西アジア、イランの王朝）、薩《さつ》摩《ま》など。

苟

いやしくも
コウ

意味 いやしくも。たとえ最上でなくても。苟且《かりそめ》にも。

蟇

ひきがえる
がまがえる
マ

意味 部首は「虫」で、昆虫、脊《せき》椎動物《ついどうぶつ》、貝類など、さまざまな生き物にあてられる。「蟇」はヒキガエルなど両生類の名の意。

暮

くれる
ボ

意味 部首は「日」で、主に太陽に関することを表わす。「暮」は暮れる、太陽が沈んで夜になる意。

慕

したう
ボ

意味 部首は「心」で、主に心の動きに関することを表わす。「慕」は慕う、恋しく思う意。

燕

つばめ
エン

意味 部首は「火」で、主に火や燃やすことに関することを表わす。「燕」はつばめの意。春に日本に渡り、人家に巣を作る。

墓

はか
ボ

意味 部首は「土」で、主に土に関することを表わす。「墓」の「莫」は草間に日の入る形で、暗黒の意がある。墓は古くは地下に造られたことから、墓の意を表わす。

【浅墓】あさはか
思慮が足りないこと。

【墓穴】ぼけつ
はかあな。「墓穴を掘る」は、滅びる原因を自ら作ってしまうこと。

繭

まゆ
ケン

意味 部首は「糸」で、主に糸や織物に関するさまざまな字が含まれる。「繭」は桑の葉に蚕《かいこ》が繭を作る形の字で、繭の意。

幕

マク
バク

意味 部首は「巾《はば》」で、主に布に関することを表わす。「幕」は仕切りなどに使う大きな布の意。

【剣幕】けんまく
怒った恐ろしい顔つき。

【幕府】ばくふ
(将軍の陣営は幕を張り巡らし、幕中で事を治めたことから)将軍のいる所。本営。

【幕切れ】まくぎれ
芝居が一段落して幕が閉まること。事の終わり。

夢

ゆめ
ム

意味 部首は「夕」で、主に夕暮れに関することを表わす。「夢」は、「夕」と巫女が祈祷をする形の字との組み合わせ。巫女の操る呪霊は、夜（夕）の睡眠中に夢魔となって心を乱すものとされた。高貴な人は夢魔によって死ぬことが多かったのか、貴人の死を表わす字は「薨」。「夢」は夢、夢見る意を表わす。

【夢幻】むげん
夢と幻。はかないこと。

【夢中】むちゅう
心を奪われる。夢の中。

【夢現】ゆめうつつ
夢と現実。

【夢心地】ゆめごこち
夢を見ているような心地。

【夢見草】ゆめみぐさ
桜の異称。夢見鳥《ゆめみどり》は蝶。

北海道七飯町・大沼湖畔

めばえ　芽生・芽生え　70
【も】
も　ソウ　藻　72
もえい　茂英　39
もえぎ　萌葱　56
もがく　藻掻く　72
もずく　海蘊・水雲　73
もぬけ　藻抜・藻抜け　72
もやし　萌やし　70
【や】
ヤエザクラ　八重桜 [P]　64
やえむぐら　八重葎　75
やかん　薬缶　32
ヤク　葯　71
やぶ　ソウ　藪　74
やぶいしゃ　藪医者　74
やぶがみ　藪神　74
ヤブガラシ　藪枯 [P]　75
やぶからぼう　藪から棒　74
やぶこうじ　藪柑子　74
ヤブツバキ　藪椿 [P]　74
やぶへび　藪蛇　74
ヤブマメ　藪豆 [P]　75
ヤマウルシ　山漆 [P]　59
ヤマガラシ　山芥子 [P]　55
ヤマハギ　山萩 [P]　45
やまぶどう　山葡萄　53
ヤラッパこん　葯刺巴根　71
やればしょう　破れ芭蕉　23
やれはす　敗荷　63
【ゆ】
ユウゼンギク　友禅菊 [P]　25
ゆすらうめ　英桃　17
ゆずりは　譲葉・楪　59
ゆでる　うだる　ジョ　茹　84
ゆめ　ム　夢　85
ゆめうつつ　夢現　85
ゆめごこち　夢心地　85
ゆめみぐさ　夢見草　85
【よ】
ヨウシュヤマゴボウ
洋種山牛蒡 [P]　15
ようみゃく　葉脈 [P]　58
よしきり　葦切　10
よしご　葭子　11
よみはな　宿花　65
よもぎ　もぐさ　艾　49
よもぎ　コウ　蒿　49
よもぎ　ホウ　蓬　49
よもぎう　蓬生　49
らいらく　磊落　19
らくえい　落英　17
らくがん　落雁　19
らくげつ　落月　19
らくご　落語　19
らくしょう　落照　19
らくずい　落蕊　71
らくたん　落胆　19
らくちゃく・らくじゃく
落着　19
らくちょう　落潮　19
らくばい　落梅　19
らくぼく　落木　19
らくめい　落命　19
らくようこうようじゅ・あき
落葉広葉樹・秋 [P]　61
らくようこうようじゅ・はる
落葉広葉樹・春 [P]　60
らっか　落花　19
らっかせい　落花生　19
らっかん　落款　19
ラン　蘭　76
【り】
りゅうぜつらん　竜舌蘭　76
【れ】
れいし　霊芝　38
レブンハナシノブ
礼文花忍 [P]　65
れんこん・はすね　蓮根　62
【ろ】
ろうとう　莨菪　35
ろかい　芦薈　11
ろぼく　蘆木　11
【わ】
わか　わかい　ジャク　若　78
わかくさ　若草 [P]　78
わかしお　若潮　78
わかな　若菜　78
わかば　若葉　78
わかみず　若水　78
わかめ　若布　78
わくらば　病葉　59
わけぎ　分葱　56
わさすすき　早薄　45
わさび　山葵　08
わすれぐさ・かんぞう　萱草　41
ワタスゲ　綿菅 [P]　40
わら　コウ　藁　43
わらぐつ　藁沓　43
わらじ　草鞋　27
わらばい　藁灰　43
わらび　ケツ　蕨　79
ワラビ　蕨 [P]　79
わるなすび　悪茄子　35

はないかだ　花筏　65
はなえみ　花笑み　65
はながた　花形　65
はなござ　花茣蓙　43
ハナショウブ　花菖蒲 [P]　23
バナナ　甘蕉　23
はなにら　花韮　57
はなはっか　花薄荷　63
はなぶさ　エイ　英　16
はなみち　花道　65
はなよめ　花嫁　65
はねぎ　葉葱　56
パパイヤ　蕃瓜樹　35
ははこぐさ　母子草　27
はますげ　浜菅　40
ハマナス　浜茄子 [P]　13
ハマナスのみ
ハマナスの実 [P]　13
はもりのかみ　葉守の神　59
ばら　薔薇　13
ばらせん　荊棘線　12
ばりん　馬藺　11
ばれいしょ　馬鈴薯　14
バン　蕃　35
【ひ】
ひうん　秘蘊　73
ひかげのかずら　日蔭の蔓　75
ひかりごけ　光蘚　37
ひきがえる　がまがえる　マ
蟇　85
ひし　リョウ　菱　63
ヒシ　菱 [P]　63
ひじき　鹿尾菜・羊栖菜　54
ひながし　雛芥子　55
びなんかずら　美男葛　53
ヒマワリ　向日葵 [P]　09
ヒメオドリコソウ
姫踊子草 [P]　28
ひめびし　姫菱　63
ヒメレンゲ　姫蓮華 [P]　67
ヒレハリソウ　鰭玻璃草 [P]　81
びろう・ほき　蒲葵　22
ビロードモウズイカ
天鵞絨毛蕊花 [P]　81
【ふ】
ブ　葡　53
フウロソウ　風露草 [P]　29
ふき　ロ　蕗　79
ふきいた　葺板　42
ふきかえ　葺替　42
ふきぐさ　葺草　42
ふきごもり　葺き籠り　42
フキノトウ　蕗の薹 [P]　79
ふく　シュウ 葺　42
ふじ　トウ 藤　53
ふじばかま　藤袴　53
ぶせい　蕪菁　55
ぶっそうげ　仏桑華　66
フノリ　布海苔 [P]　37
フランスギク　仏蘭西菊 [P]　25
フランスギクとブタナ
仏蘭西菊と豚菜 [P]　68
ぷん　フン　芬　51
ふんぷん　芬芬　51
【へ】
へくそかずら　屁屎葛　53
ベニテングダケ
紅天狗茸 [P]　37
ベニバナイチヤクソウ
紅花一薬草 [P]　32
ベニバナヤマシャクヤク
紅花山芍薬 [P]　33
へびいちご　蛇苺　35
【ほ】
ボウ　茫　84
ボウ　ホウ　蒡　15
ぼうしゅ　芒種　42
ぼうぜん　茫然　42
ほうせんか　鳳仙花　65
ぼうぼう　茂茂　39
ほうむる　とむらう　ソウ
葬　84
ぼくそうロール
牧草ロール [P]　39
ぼけつ　墓穴　85
ぼだいじゅ　菩提樹　41
ほとけぐさ　ボ　ボク　菩　41
ポンド　英斤　17
ほんぶき　本葺　42
【ま】
まいはぎ　舞萩　45
マイル　英里　17
マク　バク　幕　85
まく　ジ　蒔　35
まくぎれ　幕切れ　85
まそほのすすき　真緒の薄　45
またたび　木天蓼　09
まつたけ　松茸　37
まゆ　ケン　繭　85
マンゴー　芒果　42
マンジュシャゲ
曼珠沙華 [P]　66
まんせい　蔓菁　55
まんだらげ　曼荼羅華　66
【み】
みずごけ　水蘚　37
ミズバショウ　水芭蕉 [P]　23
みの　サ　蓑　41
みのむし　蓑虫　41
ミヤコグサ　都草 [P]　29
みょうが　茗荷　51
みらい　味蕾　71
【む】
むぐら　リツ　葎　75
むぐらふ　葎生　75
むげん　夢幻　85
むしろ　エン　莚　43
むしろ　セキ　蓆　43
むす　ジョウ　蒸　51
むちゅう　夢中　85
ムラサキツメクサとシロツメクサ
紫詰草と白詰草 [P]　29
【め】
め　ガ　芽　70
メイ　茗　51
めでたい　芽出度い　70

【た】
たくわえる　チク　蓄　39
たけ　芳　51
タチアオイ　立葵 [P]　08
たで　リョウ　リク　蓼　09
たねまきざくら　種蒔桜 [P]　34
たばこ　ロウ　莨　35
たらよう　多羅葉　59
タンポポ　蒲公英 [P]　16
【ち】
ちがや　茅萱　41
ちくぼく　蓄牧　39
ちぬ　茅渟　41
チャ　サ　茶　50
ちゃがら　茶殻　50
ちゃちゃ　茶々　50
ちゃつみ　茶摘み　50
チャのはな　茶の花 [P]　51
チャばたけ　茶畑 [P]　50
ちゃばん　茶番　50
ちゃめ　茶目　50
ちょろぎ　草石蚕　27
【つ】
つた　チョウ　蔦　53
ツタ　蔦 [P]　53
つたうるし　蔦漆　53
つと　ホウ　苞　43
つばめ　エン　燕　85
つぼみ　ガン　カン　萏　71
つぼみ　ライ　蕾　71
ツユクサ　露草 [P]　29
つる　かずら　マン　蔓　52
ツルアジサイ　蔓紫陽花 [P]　52
つるむらさき　蔓紫　52
つわぶき　石蕗　79
【て】
てりは　照葉　59
てんきょく　顚棘　13
テンサイ　甜菜 [P]　55
【と】
ドウ　トウ　萄　53
トウ　董　84
トウ　薹　79
とうしん　灯芯・灯心　71
とうだち　薹立ち　79
どくぜり　毒芹　79
どくだみ　シュウ　蕺　33
ドクダミ　蕺草 [P]　33
とべら　海桐花　65
とま　セン　苫　42
トマト　蕃茄 [P]　35
とまや　苫屋　42
とみぐさ　富草　27
とりい　華表　66
とろける　トウ　蕩　84
【な】
な　サイ　菜　54
なえ　ビョウ　苗　35
なえぎ　苗木　35
なぎ　水葱・菜葱　56
なす　なすび　カ　茄　35
ナス　茄子 [P]　35
なずな　セイ　薺　49
ナズナ　薺 [P]　49
なづなづめ　薺爪　49
なにわいばら　難波薔薇　13
なのはな　菜の花　54
なのりそ　神馬藻・莫告藻　72
ナワシロイチゴ　苗代苺 [P]　35
【に】
にがい　ク　苦　33
ニガウリ　苦瓜 [P]　33
にがて　苦手　33
にがな　苦菜　33
にがよもぎ　苦艾　49
にこぐさ　和草　27
ニャク　ジャク　蒻　15
にら　キュウ　韮　57
ニラ　韮 [P]　57
にんにく　葫　57
にんにく　大蒜　57
にんにく　ひる　サン　蒜　57
【ぬ】
ヌスビトハギ　盗人萩 [P]　45
ぬなわ　ジュン　蓴　63
【ね】
ねぎ　き　ソウ　葱　56
ねぎぼうず　葱坊主 [P]　56
ネジバナ　捩花 [P]　77
ネバリノギク　粘野菊 [P]　25
ねぶかねぎ　根深葱　56
【の】
ノアザミ　野薊 [P]　13
ノイバラ　野茨 [P]　12
ノギク　野菊 [P]　24
のぎのながいむぎ
芒の長い麦 [P]　42
のぎめ　芒目　42
のぎらん　芒蘭　42
ノコンギク　野紺菊 [P]　25
のじすみれ　野路菫　48
ノボロギク　野襤褸菊 [P]　80
【は】
は　ヨウ　葉　58
バ　ハ　芭　23
バイカモ　梅花藻 [P]　73
ばいきん　黴菌　37
はか　ボ　墓　85
ばか　莫迦　75
はがき　葉書　59
はぎ　シュウ　萩　45
バク　莫　75
ハクサンチドリ
白山千鳥 [P]　77
ばくふ　幕府　85
ハコベ　蘩蔞(繁縷) [P]　80
ばしょう　芭蕉　23
ばしょうかじき　芭蕉梶木　23
ばしょうふ　芭蕉布　23
はす　カ　荷　63
はす　はらす　レン　蓮　62
ハス　蓮 [P]　62
はたすすき　旗薄　45
はっか　薄荷　45
はな　カ　花　64
はな　カ　ケ　華　66

日本語と色の風景シリーズ　全10巻

日本にはこころが満たされる、美しい言葉と色の風景がある

文字の風景
言葉の風景
続・言葉の風景
心の風景
暦の風景
旅路の風景
日々の風景
色の風景 I　〈空と水
色の風景 II　〈花と木
色の風景 III　〈ふるさ

野呂希一／写真
荒井和生／文
A5　176～208頁
オールカラー上製本
各2,800円（全10巻セット28,000円）

季節のことば 春夏秋冬　全4巻

移ろい続ける日本の自然を春夏秋冬の四季に分かち、その象徴的風景とそれぞれにふさわしい言葉を配して、季節の旅を巡るシリーズ。

季節のことば 春
季節のことば 夏
季節のことば 秋
季節のことば 冬

野呂希一／写真・文、池藤あかり／文、A5判／96頁／オールカラー／上製本／各1,800円

SSS青菁社　〒603-8053　京都市北区上賀茂岩ヶ垣内町89-7
TEL.075-721-5755　FAX.075-722-3995

EISEISHA PHOTOGRAPHIC SERIES

大自然からの贈り物

写真家たちの自然への想いを
大切に紡いでいく
ネイチャーフォトシリーズ

68×186／64頁／ハードカバー
1,600円

いつかどこかで	高橋　真澄	海の美術館	島津　正亮
太陽柱—サンピラー—	高橋　真澄	ふくろうの森	横田　雅博
風の岬	金澤　静司	上高地	アサイ　ミカ
TIME—時空を超えて—	星河　光佑	AURORA —オーロラの空—	谷角　靖
美瑛·富良野	高橋　真澄	富士山	山下　茂樹
blue in blue—海の祝祭日—	須山　貴史	虹の風景	高橋　真澄
四万十川	山下　隆文	銀河浴	佐々木　隆
水めぐりて	深水佳世子	屋久島	大沢　成二

Seiseisha mini book series

ポケット一杯のしあわせ!　いつでもどこでもいっしょだよ

120×120　39頁／オールカラー／ハードカバー各780円

フクロウにあいたい	横田　雅博
モモンガにあいたい	富士元寿彦
クロテンのふしぎ	富士元寿彦
コウテイペンギンの幸せ	内山　晟
いつもみたい空	高橋　真澄
まいにちの月	星河　光佑
Heartの木	高橋　真澄
はすはな	河原地佳子
ゆかいなエゾリスたち	高野美代子
キタキツネのおもいで	今泉　潤
わたしはアマガエル	山本　隆
ラッコのきもち	福田　幸広
ハッピーモンキー!	松成由起子
シロクマのねがい	前川　貴行
子パンダようちえん	佐渡多真子
ミーアキャットの一日	内山　晟
花の島の暖吉	杣田美野里
キンタ·はな·ギンタのにゃんこ生活	佐藤　誠
のんびりコアラ	内山　晟
森の人 オランウータン	松成由起子

写真で見る　天象と色の世界

虹、雲、月、極光(オーロラ)…　空にあって私たちの好奇心をかき立てる4つの天象。

それに自然が醸し出す多彩な色の世界を加えて5つの物語で構成されたシリーズ。

虹物語　雲物語　極光(オーロラ)物語　色物語　月物語

高橋真澄・谷角 靖・星河光佑／写真、杉山久仁彦／構成・文
A5判／128頁／オールカラー／上製本／各2,200円

■価格はすべて税別です。ご注文は、お近くの書店へお願いします。　2011.04

こうむる　モウ　蒙　84
コウリンタンポポ
紅輪蒲公英 [P]　16
ごきづる　合器蔓　52
こけ　タイ　苔　36
こけ　セン　蘚　37
コケイラン　小蕙蘭 [P]　77
こけし　小芥子　55
こけのした　苔の下　36
こけのはな　苔の花　36
こけまくら　苔枕　36
こけむすもり　苔生す森 [P]　36
こけもも　苔桃　36
ござ　茣蓙　43
ござ　ザ　蓙　43
ことば・ことのは　言葉　59
コハマギク　小浜菊 [P]　25
ごぼう　牛蒡　15
こぼれはぎ　零萩　45
こめすすき　米薄　45
こも　コ　菰　41
こもまき　菰巻　41
ころ　葫芦　11
コン　蒟　15
こんにゃく　蒟蒻　15
【さ】
さいばいぎく　栽培菊 [P]　25
サイハイラン　采配蘭 [P]　77
サクラソウ　桜草 [P]　28
サクラのつぼみ　桜の蕾 [P]　70
ざくろ　若榴　78
さげすむ　ベツ　蔑　84
ササバギンラン
笹葉銀蘭 [P]　77
ささらおぎ　細荻　45
サザンカ　山茶花 [P]　51
サツ　薩　84
ざっそう　雑草 [P]　27
さなえ　早苗　35
さびあゆ　荒鮎　75
サフラン　泊夫藍　09
さんしきすみれ　三色菫　48
さんじょ・せんじょ　芟除　39
【し】
しおん　紫苑　34
しくはっく　四苦八苦　33
しげる　モ　茂　39
じじばば　春蘭　76
ししゃも　柳葉魚　59
したう　ボ　慕　85
しとね　とこ　ジョク　蓐　43
じねんじょ　自然薯　14
ジネンジョ　自然薯 [P]　14
しのすすき　篠薄　45
しば　シ　芝　38
しばえび　芝蝦・芝海老　38
シバザクラ　芝桜 [P]　38
しばふ　芝生 [P]　38
しべ　ズイ　蕊　71
しべこ　蕊粉　71
シャク　芍　33
じゃくせき　蒻席　15
しゃくやく　芍薬　33
ジャコウアオイ　麝香葵 [P]　08
ジャスミン　耶悉茗　51
しゅくそんがく　宿存萼　71
じゅんさい　蓴菜　63
ジュンサイ　蓴菜 [P]　63
ショウ　菖　23
ショウ　蕉　23
ショウ　薔　13
しょうが　はじかみ　キョウ
薑　57
ショウジョウバカマ
猩猩袴 [P]　82
じょうりょくじゅ・なつ
常緑樹・夏 [P]　60
ショカツサイ　諸葛菜 [P]　55
しょくだいおおこんにゃく
燭台大蒟蒻　15
しょよ・じょうよ　薯蕷　14
じら　莳蘿　35
シラネアオイ　白根葵 [P]　08
しろざ　白藜　49
シロバナタンポポ
白花蒲公英 [P]　16
シン　芯　71
しんえん　神苑　34
しんどめ　芯止め　71
しんようじゅ・ふゆ
針葉樹・冬 [P]　61
【す】
ずいき　芋茎　14
ずいきまつり　芋茎祭　14
スイレン　睡蓮 [P]　63
すえつむはな　末摘花　65
すおう　蘇芳　51
スガモ　菅藻 [P]　72
すくも　蒅　09
すげ　すが　カン　菅　40
すすき　のぎ　ボウ　芒　42
すすき　うすい　ハク　薄　44
ススキ　薄 [P]　44
スズラン　鈴蘭 [P]　76
スベリヒユ　滑莧 [P]　80
すみれ　キン　菫　48
スミレとヨモギ　菫と蓬 [P]　48
【せ】
セイ　菁　55
せいせい　菁菁　55
セイヨウオニアザミ
西洋鬼薊 [P]　13
せきえい　石英　17
せり　キン　芹　79
せんたいりん　蘚苔林　37
ぜんまい　ビ　薇　79
ぜんまいしのぶ　薇信夫　79
【そ】
そうげん　草原 [P]　26
そうこう　草稿　27
そうじし　蒼耳子　73
そうぜん　蒼然　73
そうそう　草々　27
ぞうり　草履　27
そさい　蔬菜　54

おちぐさ　落草　18
おちつの　落角　18
おちツバキ　落椿 [P]　18
おちば　落葉 [P]　19
おちばごろも　落葉衣　18
おちばぶね　落葉船　18
おちひばり　落雲雀　19
おちぼ　落穂　19
おとぎりそう　弟切草　26
おとこえし　男郎花　65
おとこよもぎ　牡蒿　49
オドリコソウ　踊子草 [P]　28
おにしば　鬼芝　38
おはぎ　御萩　45
おみなえし　女郎花　65
おもいば　思い葉　59
オランダ　和蘭　76
オランダげんげ　和蘭紫雲英　17
オランダぜり　和蘭芹　79
【か】
かえい　花英　17
かおばな　顔花・貌花　65
かおり　かおる　たく　クン
薫　51
かか　茄花　35
ガガイモ　蘿藦 [P]　81
かがみは　鏡葉　59
カキツバタ　杜若 [P]　78
かくれみの　隠れ蓑　41
かげ　イン　蔭　75
かけむしろ　掛莚　43
かざはな　風花　65
かずらばし　葛橋 [P]　52
カタクリ 片栗 [P]　82
カタクリとエゾエンゴサク
片栗と蝦夷延胡索 [P]　69
カタバミ　酢漿草 [P]　80
カナムグラ　金葎 [P]　75
かのこそう　鹿子草　26
かぶ　かぶら　ブ　蕪　55
かぶしま　蕪島 [P]　54
かぶたまな　蕪玉菜　55
がま　ホ　蒲　22
ガマ　蒲 [P]　22
かまとと　蒲魚　22
かまぼこ　蒲鉾　22
かや　ち　茅　41
カヤ　茅 [P]　41
かや　カン　萱　41
かやつりぐさ　蚊帳吊草　26
かやぶきやね　茅葺屋根 [P]　42
からし・けし　芥子　55
からまつ　落葉松　19
からむし　茎蒸　51
かりふ　苅生　39
かりんとう　花林糖　65
かる　ガイ　苅　39
かる　サン　セン　芟　39
かれい　華麗　66
かれすすき　枯薄　45
カワラナデシコ
河原撫子 [P]　83
かんがい・すげがさ　菅蓋　40
かんしょ・さつまいも　甘藷　15
かんすげ　寒菅　40
かんたん　莕菪　71
かんばしい　かぐわしい　ホウ
芳　51
【き】
キカラスウリ　黄烏瓜 [P]　83
キク　菊　24
キクイモ　菊芋 [P]　15
キクザキイチゲ
菊咲一華 [P]　67
きくざけ　菊酒　24
きくのきせわた　菊の被綿　24
キケマン　黄華鬘 [P]　67
きざす　もえる　ホウ　萌　70
きじむしろ　雉蓆　43
きのこ　たけ　ジョウ　茸　37
きのこ　たけ　キン　菌　37
きみがよらん　君が代蘭　76
きゃしゃ　花車　65
きょうおう　薑黄　57
ギョウジャニンニク
行者大蒜[P]　57
ぎょえん　御苑　34
キョク　蕀　13
きりひとは　桐一葉　59
きんえいか　金英花　17
きんりん　菌輪　37
【く】
くき　ケイ　茎　42
くきな・けいな　茎菜　42
くくたち　茎立ち　42
くさ　ソウ 草　26
くさいきれ　草熱　27
くさうら　草占　27
くさかり　草苅　39
くさかり　草苅り [P]　39
くさなぎのつるぎ　草薙剣　27
くさひばり　草雲雀　27
くさまくら　草枕　27
くじゅう　苦汁　33
くしょう　苦笑　33
くず　かずら　カツ　葛　53
くすだま　薬玉　32
クズのつる　葛の蔓 [P]　53
くすり　ヤク　薬　32
くすりふる　薬降る　32
くのえこう　薫衣香　51
クマガイソウ　熊谷草 [P]　77
グミ　茱萸 [P]　81
くらら　苦参　33
クルマバソウ　車葉草 [P]　28
くれる　ボ　暮　85
クワズイモ　不食芋 [P]　15
くんぷう　薫風　51
【け】
げいえん　芸苑　34
ゲンゲ　紫雲英 [P]　17
げんせい　芫菁　55
けんまく　剣幕　85
【こ】
コウ　薨　84
こうほね　萍蓬草　73

くさかんむり 索引

※写真のあるものは、項目に[P]と記しました。

【あ】
あい　ラン　藍　09
あいみどろ　藍水泥　09
あお　ソウ　蒼　73
あおい　キ　葵　08
あおいすみれ　葵菫　48
あおいまつり　葵祭　08
あおさ　石蓴　63
あおじ　蒿雀　49
あおぞら・そうくう　蒼空　73
あかざ　レイ　藜　49
アカザ　藜 [P]　49
あかね　茜　09
あかねぐも　茜雲　09
あくた　カイ　ケ　芥　55
あけびのこのは　通草木葉　59
あけぼのすみれ　曙菫　48
アサツキ　浅葱 [P]　56
あさはか　浅墓　85
あざみ　ケイ　薊　13
あざみうま　薊馬　13
あし　ロ　芦　11
あし　よし　イ　葦　10
アシ　葦 [P]　10
あし　よし　葭　11
あし　ロ　蘆　11
あしかび　葦芽　10
あじさい　紫陽花　65
あしつき　葦付　10
あしをふくむかり
葦をふくむ雁　10
アズマイチゲ　東一華 [P]　67
あそびぐさ　遊草　26
あつめる　シュウ　蒐　84
アツモリソウ　敦盛草 [P]　77
あまちゃづる　甘茶蔓　52
あまも　甘藻　72
あやめ・しょうぶ　菖蒲　23
アヤメとキンポウゲ
菖蒲と金鳳花 [P]　69
あらい　あれる　すさむ　コウ
荒　75
あらまき・つと　苞苴　43
あらめ　荒布　75
あらわす　チョ　著　84
【い】
い　リン　藺　11
いえづと　家苞　43
イグサ　藺草 [P]　11
いじめる　さいなむ　カ　苛　84
いそぎんちゃく　菟葵　08
いたいたぐさ　痛痛草　26
いちご　苺　35
いつまでぐさ　何時迄草　26
いとすすき　糸薄　45
いなばきむしろ　稲掃き莚　43
いなわら　稲藁 [P]　43
イヌタデ　犬蓼 [P]　09
いねむしろ　稲蓆　43
いばら　ケイ　荊　12
いばら　シ　茨　12
いばらも　茨藻　12
いも　ウ　芋　14
いも　ショ　ジョ　薯　14
いも　ショ　ジョ　藷　15
イモのはな　芋の花 [P]　14
いもめいげつ　芋名月　14
いやしくも　コウ　苟　84
いろみぐさ　色見草　26
いわたばこ　岩煙草　26
イングランド　英蘭　17
【う】
うえる　ゲイ　ウン　芸　34
うきくさ　ヘイ　萍　73
うきくさもみじ　萍紅葉　73
うつおぐさ　空草　26
うっそう　鬱蒼　73
うてな　ガク　萼　71
うどんげ　優曇華　66
うのはな　卯の花　65
うばら　荊棘　12
ウメのしべ　梅の蕊 [P]　71
うもれぐさ　埋れ草　26
うらはぐさ　裏葉草　59
うるさい　蒼蠅い　73
ウン　蘊　73
うんそう　蘊藻　73
うんちく　蘊蓄　73
【え】
えいえい　英英　17
えいか　英華　17
えいだん　英断　17
えいゆう　英雄　17
エゾオヤマリンドウ
蝦夷御山竜胆 [P]　83
エゾスカシユリ
蝦夷透百合 [P]　83
えびかずら　葡萄葛　53
えみぐさ　笑草　26
エン　苑　34
えんげい　園芸　34
えんめいぎく　延命菊　24
【お】
おいらん　花魁　65
おうぎばしょう　扇芭蕉　23
オオアマドコロ
大甘野老 [P]　82
オオイヌノフグリ
大犬の陰嚢 [P]　82
おおおにばす　大鬼蓮　62
おおがはす　大賀蓮　62
おおにら　大韮　57
オオバキスミレ
大葉黄菫 [P]　48
オオバナノエンレイソウ
大花延齢草 [P]　28
オオハンゴンソウとエゾノヨロイグサ
大反魂草と蝦夷鎧草 [P]　68
オオマツヨイグサ
大待宵草 [P]　29
おから　雪花菜　54
おぎ　テキ　荻　45
おぎのこえ　荻の声　45
おち　ラク　落　18
おちあゆ　落鮎　18
おちうお　落魚　18

「新北海道の花」(梅沢俊著／北海道大学出版会)
「食べて治す医学大事典」(主婦と生活社)
「つぼみたちの生涯－花とキノコの不思議なしくみ－」(田中修著／中央公論新社)
「伝説の花たち－物語とその背景－」(石井由紀著　熊田達夫写真／山と渓谷社)
「毒のある植物」(難波恒雄・御影雅幸共著／保育社)
「日本国語大辞典」(小学館)
「日本年中行事辞典」(鈴木棠三著／角川書店)
「日本の野草」(林弥栄編・解説／山と渓谷社)
「野の花」(浅川トオル、森沢明夫著／角川書店)
「葉っぱの不思議な力」(鷲谷いづみ文　埴沙萠写真／山と渓谷社)
「花〈Flower〉面白すぎる雑学知識－なぜ母の日にはカーネーションか？！－」
(博学こだわり倶楽部編／青春出版社)
「花の日本語」(山下景子著／幻冬舎)
「花の万葉集」(大貫茂写真・文／グラフィック社)
「花はふしぎ－なぜ自然界に青いバラは存在しないのか？－」(岩科司著／講談社)
「花物語－続植物記－」(牧野富太郎著／筑摩書房)
「花を旅する」(栗田勇著／岩波書店)
「普及版　新訂字統」(白川静著／平凡社)
「牧野植物随筆」(牧野富太郎著／講談社)
「万葉集に歌われた草木」(猪股静弥著　大貫茂写真／冬至書房)
「万葉集を知る事典」(櫻井満監修　尾崎富義・菊地義裕・伊藤高雄著／東京堂出版)
「万葉植物物語」(広島大学附属福山中・高等学校編著／中国新聞社)
「万葉の花」(片岡寧豊著／青幻社)
「身近な雑草のゆかいな生き方」(稲垣栄洋著／草思社)
「身近な薬用植物」(難波恒雄・御影雅幸共著／保育社)
「野菜の日本史　青葉高著作選　2」(青葉高著／八坂書房)
「野菜の博物誌　青葉高著作選　3」(青葉高著／八坂書房)

※その他、さまざまな書籍、資料等からヒントをいただきました。

参考文献［五十音順］

「岩波　日本庭園辞典」（小野健吉著／岩波書店）

「ウメの品種図鑑」（梅田操著／誠文堂新光社）

「おもしろくてためになる桜の雑学事典」（井筒清次著／日本実業出版社）

「おもしろくてためになる植物の雑学事典」（大場秀章監修／日本実業出版社）

「角川　新字源」（小川 環樹・西田太一郎・赤塚忠編／角川書店）

「季節のことば辞典―四季別・50音順」（復本一郎監修／柏書房）

「キノコの教え」（小川眞著／岩波書店）

「京都　祭と花」（廣江美之助著／青菁社）

「原色牧野日本植物図鑑－学生版－」（牧野富太郎著／北隆館）

「広辞苑」（第五版／岩波書店）

「苔の話－小さな植物の知られざる生態－」（秋山弘之著／中央公論新社）

「語源辞典　植物編」（吉田金彦編著／東京堂出版）

「これでナットク！植物の謎－植木屋さんも知らないたくましいその生き方－」
（日本植物生理学会編／講談社）

「桜が創った「日本」―ソメイヨシノ 起源への旅―」（佐藤俊樹著／岩波書店）

「雑草と楽しむ庭づくり　オーガニック・ガーデン・ハンドブック」
（ひきちガーデンサービス　曳地トシ・曳地義治著／築地書館）

「雑草にも名前がある」（草野双人著／文藝春秋）

「雑草のはなし－見つけ方、たのしみ方－」（田中修著／中央公論新社）

「字通」（白川静著／平凡社）

「知っ得　植物のことば語源辞典」（日本漢字教育振興会編／日本漢字能力検定協会）

「自分で採れる　薬になる植物図鑑」（増田和夫監修／柏書房）

「植物一日一題」（牧野富太郎著／筑摩書房）

「植物、いのちと名前の来歴」（白木健助著／オフィスエム）

「植物記」（牧野富太郎著／筑摩書房）

「植物ごよみ」（湯浅浩史著／朝日新聞社）

「植物と行事」（湯浅浩史著／朝日新聞社）

「植物の漢字語源辞典」（加納喜光著／東京堂出版）

「植物のこころ」（塚谷裕一著／岩波書店）

「植物の雑学事典」（大場秀章監修／日本実業出版社）

「植物名の由来」（中村浩著／東京書籍）

「植物和名の語源」（深津正著／八坂書房）

「植物和名の語源探究」（深津正著／八坂書房）

「新潮日本語漢字辞典」（新潮社）

[関連書籍]
「季節のことば」 春夏秋冬 全4巻
野呂希一／写真・文 池藤あかり／文
各1800円(税別)
A5判 96頁 オールカラー 上製本

春夏秋冬の移ろい豊かな日本の風景と、それぞれにふさわしいことば約500選を配した季節の旅を巡るシリーズ。

くさかんむり

発行日	2012年8月22日 第1刷
写真・構成	野呂希一
文	池藤あかり
装丁・デザイン	乾山工房、吉田貴昭
印刷	株式会社 サンエムカラー
製本	新日本製本株式会社
発行者	日下部忠男
発行所	株式会社 **青菁社** 〒603-8053 京都市北区上賀茂岩ヶ垣内町89-7 TEL075-721-5755 FAX075-722-3995 振替 01060-1-17590

ISBN 978-4-88350-161-8 C0672